Fear

Essential Wisdom for Getting Through the Storm

用正念擁抱恐懼

安度情緒風暴的智慧

一行禪師 Thich Nhat Hanh——著
士嚴——譯

前言

無懼

人生充滿美好的時刻，也充滿困難的時刻。許多人儘管生活幸福美滿，喜樂的背後卻隱藏著恐懼。我們害怕有一天幸福會消逝、想要的得不到、所愛的會失去，又或者害怕會不安全。通常我們最大的恐懼，就是知道終有一天我們的身體會停止運作。因此，即使生命中有很多讓我們幸福的條件，我們卻沒有全然的喜樂。

我們以為，想要得到幸福，就要推開或漠視心中的恐懼。因此，每當想起那些讓我們害怕的東西，我們就會不安，想要把恐懼推開。「噢！不，我不要想起這些。」試圖漠視恐懼，恐懼依舊在我們心裡。

要止息心中的恐懼，達到真正的快樂，唯一的方法就是覺察恐懼並深觀恐懼的根源。不用逃避恐懼，而是要覺察它，深刻清晰地觀察它。

我們害怕周遭那些無法掌控的事物，也擔憂有一天會生病、衰老，或者失去最珍愛的東西。我們想緊緊抓住自己的心愛之物——地位、財產或愛人。然而，抓住這些東西並不能息滅內心的恐懼。終有一天我們只能放下，我們無法把這些東西帶走。

我們可能會想，如果不去關注恐懼，恐懼就會離開。但是如果我們將擔憂和焦慮埋藏在心裡，它們會繼續影響我們，令我們的憂傷不斷加深。人們都害怕無能為力的感覺，不過其實我們都有深入觀察並看清恐懼的能力。唯有如此，我們才能免於被恐懼操控，才有能力去轉化它。正念修習，是讓我們全然活在當下的一種修習方法。正念賦予我們直面恐懼的勇氣，使我們不再為恐懼所拉扯。修習正念，就是讓我們去深入地觀察，去接觸萬物相即（interbeing）的本性，去覺察我們從未失去過什麼。

越南戰爭時，有一天，我在越南一個空置的空軍機場裡等飛機。我要去越南北部了解那裡的水災情況，並參與救援工作。當時的災情已經非常危急，所以我只能搭乘軍用飛機過去，而這種飛機通常是用來運輸毛毯或衣物這類物品的。我獨自坐在機場裡等待下一班飛機，這時一位美國軍官走過來，他也在等他的飛機。那是戰爭時期，只有我們兩個人在飛機場。我看了看他，一位年輕的美國軍官。突然間，我心中充滿了對他的憐憫。為什麼他要來這裡殺人，又或者要被別人殺死呢？出於悲憫和同情，我對他說：「你一定非常害怕越共吧。」越共就是越南的共產黨游擊隊。很不幸，我的話太不善巧了，竟然澆灌了他心中恐懼的種子。他立即用手按著槍質問我：「你是越共？」

美國軍人來到越南前都接受過訓練，他們相信所有越南人都有可能是越共，恐懼盤踞在每一個士兵的心裡。不論是小孩還是僧人，人人都有可能是游擊隊。這種訓練讓他們變得草木皆兵，覺得到處都是敵人。我本想對他表達憐憫，但是他一聽到越共這兩個字就被恐懼淹沒了，伸手就準備拔槍。

我知道自己必須保持平靜。於是我修習深呼吸，然後對他說：「不，我不是。我在等去峴港的飛機，好去了解那兒水災的情況，看看有什麼可以幫忙的。」我的心中充滿了對他的憐憫，這股憐憫透過我的聲音流露了出來。我們開始談話，我向他表明我的態度，就我看來，這場戰爭造成了太多的受害者，不僅越南人，也有美國人。他平靜了下來，我們又繼續交談。我安全了，因為我保持了足夠的平靜和清醒。如果當時我因為恐懼而顯得戰戰兢兢，那麼他也可能出於恐懼而殺死我。因此，不要以為危險只會來自於外部，它可能是由心而生的。如果我們缺乏覺察，沒有深入看清恐懼，就有可能給自己帶來危險和意外。

人人都經歷過恐懼，但是如果我們能夠深觀恐懼，就能脫離恐懼的操縱，從而感受到喜樂。恐懼令我們時時刻刻想著過去，擔憂未來。如果我們可以坦承心中的恐懼，就會認識到，在這一刻我們是安全的。今天，此時此刻，我們仍活著，有著強壯健康的身體，雙眼看得見美麗的天空，雙耳聽得到愛人的聲音。

要想看清楚恐懼，第一步是不帶任何判斷地覺察它。溫柔地覺知心中的恐懼，已足以令你釋懷。當恐懼平靜下來，我們輕輕地擁抱它，深觀它的根源。了解焦慮和恐懼從何而來，然後我們才能放下。心中的恐懼究竟是來自現時的處境，還是來自往昔？是小時候經歷過的恐懼還一直藏在心裡嗎？我們修習面對心中一切的恐懼，同時亦覺知我們仍活著，還有許多事物值得我們去珍惜和享受。不再忙著壓抑和控制恐懼，我們才能享受陽光、空氣和霧水。深觀恐懼，看清楚它，你將能真正地活出生命。

人們最大的恐懼，莫過於害怕死後會化為烏有。要想實實在在地從恐懼中解脫，就必須如實觀照，看到我們不生不滅的本性。我們必須擺脫某些意念的束縛，即我們就是這個身體，而這個身體將會死去。要理解我們並不只是這個身體，我們並非無所從來，亦非無所從去，如此，心中的恐懼自然就能止息。

佛陀出生在人間，他知道什麼是恐懼，但是因為他每天修習正念，深觀恐懼，所以遇到未知的事情也能安然面對。曾經有這樣的一件事：一天佛陀在林中漫步，碰到了央掘摩羅，一個惡名昭彰的連環殺人凶手。央掘摩羅叫佛陀停下，但是佛陀依然安詳地慢慢行走，央掘摩羅追上佛陀，責問他為什麼不停下來。佛陀回答：「央掘摩羅，許久以前我已停下，仍未停下的是你。」佛陀繼續解釋說：「我已停下，我不會做令眾生痛苦的任何事情。眾生都希望生而害怕死。我們要培養慈悲心，保護眾生的生命。」央掘摩羅非常震驚，他請佛陀繼續闡釋。當他和佛陀的談話結束時，央掘摩羅便發誓從此不再作惡，並決定出家為僧。

為何佛陀面對殺人犯能保持如此的祥和平靜呢？這可能是個極端的例子，不過事實上我們每個人每天都在以某種方式面對恐懼。在日常生活中修習正念，對我們有莫大的幫助。從修習呼吸、覺知呼吸開始，我們會有能力面對一切。

無畏無懼不僅是可能的，而且是最終的喜樂。無所畏懼，你就自由了。如果有一天我在飛機上，機長突然宣布說飛機即將墜毀，這時候我會修習正念呼吸。聽到任何壞消息，我希望你也能這樣做。然而，不要等到危急時才開始修習正念的生活和心中苦痛的轉化。沒有人能給予你無畏，即便是佛陀就坐在你身邊也無法做到，你必須要自己修行，親自證悟。如果你養成了正念生活的習慣，遇到困難時，你會懂得如何處理。

佛陀說：在當下幸福地生活是可能的，我們所有的，就只是這一刻。

目錄

一、許久以前

要想舒緩心中的恐懼，第一步是與之對話。你可以和心裡那個擔憂害怕的孩子一起坐下來，溫柔地與他相處。

或許我們已經忘了，許久以前，我們住在母親的子宮裡，那時我們的身體還是小小的。母親體內有兩顆心臟，她的心臟和你的心臟。那時候，母親照顧你一切所需；她為你呼吸、為你喝水、為你吃東西。一條臍帶把你們連在一起，氧氣和食物也被輸送給你。在母親的子宮裡，你感到平靜安全，非常舒適，既不太熱也不太冷，就像躺在柔軟的水墊子上。在越南文和中文裡，子宮兩個字可解作**孩子的宮殿**。你在這座孩子的宮殿裡住了大約九個月。

在母親子宮裡的這九個月，是你人生中最快樂的一段時光。然後，出生的日子到了。周圍的一切都變了，你被扔進一個全新的環境。第一次你感覺到了寒冷和飢餓。周遭的聲音太吵，光線太亮。第一次你感到了恐懼，這就是原始恐懼。

在母親的子宮裡，你無需用自己的肺呼吸，但是在你出生的那一刻，臍帶被剪斷了，你的身體不再和母親的身體連在一起。母親無法再為你呼吸，你第一次要學習自己呼吸。如果你不懂得呼吸，你就會死去。出生的那一刻，是極其不穩定的一刻。你被母親從宮殿裡趕了出去，你感覺到苦。你想吸氣，但那太困難了。你的肺裡還有一些液體，要吸氣的話，首先得把這些液體排出肺部。我們出生了，伴隨出生而來的是恐懼和求生的欲望。這個欲望就是原始欲望。

嬰孩時期，我們需要有人照顧才能生存下來。即使臍帶已經被切斷，還是要完全依靠成年人。很大程度上，當你的生存依賴於某些人時，那即是說，仍有某種無形的臍帶把你和他們連在一起。

長大後，原始恐懼和原始欲望仍藏在我們心裡。雖然我們已經不再是嬰孩，依舊害怕沒人照顧，無法生存。生命中的所有欲望，其實都源自這個求生存的原始基本欲望。在嬰孩時期，我們會找方法讓自己生存下來，但是心中可能有無力的感覺，自己有雙腿卻無法行走，有雙臂卻無法握住任何東西。我們必須去想怎樣找人來保護我們、照顧我們，讓我們能夠生存下來。

人都有感到恐懼的時候，害怕孤單，害怕被遺棄，害怕老、病、死，以及其他種種。有時候，我們感到恐懼卻又不知道是為了什麼。修習深入地觀察，我們會看到這些恐懼來自於出生時的那種無助，無法為自己做任何事情的原始恐懼。即使長大成人，原始恐懼和原始欲望仍藏在我們心裡。我們都渴望有個伴侶，某種程度上這也是原始欲望的延續，我們總是希望能找個人來照顧自己。

身為成人，我們不願去想起或觸及原始恐懼和原始欲望，因為那個無助的孩子還在我們心裡。我們沒有機會和他對話。我們也沒有時間去照顧心裡那個受傷無助的小孩。

對我們大多數人而言，原始恐懼一直以某種方式延續著。有時我們害怕獨處，可能會覺得「我一個人是不行的，一定要有人和我一起」，這就是原始恐懼的延續。然而，只要我們深入地觀察，就會發現自己有能力去平息內心的恐懼和找到自己的幸福。

我們要好好看看自己與他人的關係，看看這些關係的建立是基於彼此的需要，還是共同的幸福。我們總是以為伴侶能賜予我們快樂，沒有這個人我們就無法活得安好。其實我們真正的想法是：「我需要他或她來照顧我，否則我無法生存。」

如果你們的關係是建立在恐懼的基礎上，而不是相互理解和彼此幸福的話，那麼這段關係的基礎是不穩固的。你以為你的幸福離不開這個人，有時候卻又覺得他的存在真是讓人討厭，恨不得擺脫他。這時候，你就知道，心中的平安和安全感並非真的來自於他。

同樣地，如果你喜歡泡咖啡館，不見得是因為咖啡館有多麼迷人，可能只是因為你害怕獨處，需要有人在你身邊。有時候你打開電視機，可能不是因為你想看某個精彩的節目，而只是因為你害怕一個人獨處。

如果你非常在意別人對你的看法，那也是來自同一個恐懼根源。你很害怕如果別人對你印象不好，他們就不會接納你，把你一個人丟在危險裡頭。所以，如果你需要得到大家對你無時無刻的關愛，那麼這也是因為那個共同的原始恐懼。或許你經常給自己買新衣服，這也是出於同樣的欲望，想要被接受，害怕被拒絕、被拋棄，孤孤單單，沒人照顧。

我們要深入地觀察，認清許多行為背後的原始恐懼和原始欲望。今天你所有的恐懼和欲望都源自那個原始恐懼和原始欲望。

有一天，我在走路的時候，突然感覺到有些像臍帶一樣的東西把我和天空上的太陽連在一起。我非常清楚地看到，沒有了太陽，我會立即死去。然後，我看到有一條臍帶把我和河流連在一起。我知道，如果沒有河流，我就沒有水喝，也會死去。我還看到，有一條臍帶把我和森林連在一起，森林裡的樹木在製造氧氣，讓我可以呼吸。沒有了森林，我也會死去。我還看到有一條臍帶把我和農夫連在一起，他為我種植蔬菜、小麥和稻米，讓我能夠享用食物。

開始禪修的時候，你會看見別人看不到的東西。雖然你還不能看到所有的臍帶，但是它們就在那裡，把你和父母、農夫、太陽、河流以及森林等等連在一起。在禪修中，你可以練習觀想。如果你把自己和這些臍帶畫出來，你會發現，不只有五條或十條，而是有幾千幾百條臍帶和你連在一起。

我住在位於法國西南部的梅村。在那裡，我們整天都會在心中默唸或朗聲誦出一些偈頌，這是一些短詩，可以幫助我們在日常生活的每個動作中深刻地體驗生命。有一首偈頌是早上醒來時唸的，還有一首是刷牙時用的，甚至連開車和使用電腦都有一些偈頌。用餐取食物時的偈頌是這樣的：

在這些食物裡
我清楚地看到
整個宇宙
在支持我的生命

In this food
I see clearly
the presence of the entire universe
supporting my existence.❖

深觀蔬菜，我們看到蔬菜裡的陽光、雲朵、土地和許多人辛勤友愛的勞動。如此去看事物，就算進餐時身邊沒有其他人與你分享，但是我們知道，我們的團體、祖先、大地母親和整個宇宙就在我們之中，一直與我們同在。我們永遠不需要感到孤單。

要想舒緩心中的恐懼，第一步是與之對話。你可以和心裡那個擔憂害怕的孩子一起坐下來，溫柔地與他相處。你可以對他說：「親愛的孩子，我是長大後的你，我想對你說，我們不再是無助脆弱的小嬰孩。現在，我們有強壯的雙手雙腳，能夠好好地保護自己，沒有理由讓自己繼續這樣擔驚受怕。」

❖完整收錄的偈頌及如何在每日生活中練習，可以在我的書 *Peace Is Every Breath* 中找到。

我相信，和內在小孩做這樣的對話是非常有幫助的。他可能受過很深的傷，很久以來都在等我們回去照顧他，幫他療傷。童年時的所有傷痛仍在，可是我們耽於忙碌，沒有時間回去療癒這個小孩。因此，我們要花些時間，回去找到他，覺察這個受傷的孩子就在我們之內，與他交談，幫助他療傷。我們要一再地提醒他，我們不再是無助的孩子，我們已經長大成人，有能力照顧自己。

修習：與內在小孩對話

在地上放兩個坐墊。首先，在其中一個墊子上坐下來，假裝你是那個無助脆弱的孩子，然後開始表達自己的感受：「親愛的，我真的很無助，什麼也做不了，這裡是這麼樣的危險，我快死了，沒有人來照顧我。」你要用孩子說話的方式來表達心底的話。在這個過程中，如果恐懼、絕望、緊張或無助的感覺升起，那就讓它升起，你只需要覺察它。給這個無助的孩子足夠的時間，讓他充分地表達自己。這一點非常重要。

等他說完之後，你可以移到另一個墊子上，扮演成人的角色。看著剛才你坐過的墊子，想像那個無助的孩子還坐在那裡，你對他說：「請聽我說，我是成年後的你。你不再是無助的孩子，我們已經長大，有足夠的智慧來保護自己，可以獨立生存，不需要其他人來照顧我們。」

透過這樣的練習，你會看到，想要獲得安全感並不需要去依附別人，或者不斷找事情做好分散注意力。覺察恐懼，舒緩心中的恐懼，是釋放恐懼的第一步。

曾經遭受虐待的人，經歷過恐懼和痛苦的人，你要知道，現在你是安全的。有時候，我們或許仍需要朋友、兄弟姊妹或老師的幫助，才能避免再次掉入過往的苦痛。但是我們已經長大，不但有能力防衛自己，也有能力全然活在當下，幫助其他人。

二、原始恐懼

安住於當下，才能向過往學習。穩固地扎根於當下，才能善巧地回望過去，從過去中學習而不受困於過去，被過去所淹沒。

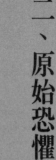

許多人經常會因為想起某些事情而感到恐懼和悲傷。我們都經歷過苦痛，又時常會去回憶那些苦痛。重返過去，重溫苦海，就像是看著過去的影片一再播放。但是如果重溫這些記憶時缺乏正念和覺知，那麼每次看到這些影像，我們就會一次又一次地受苦。

假設你在孩童時期受過虐待，吃了很多苦。當時的你脆弱無助，經常感到恐懼害怕，卻又不知道如何保護自己。現在你長大了，不再是那個脆弱無助、無法保護自己的孩子，可是也許在你的心裡，你依然一次又一次地遭受虐待。你仍感受著那個孩子的痛苦，因為你不斷地重溫那些痛苦的回憶。

在你的心識中藏著一部電影，一個影像。每當你的心回到過去，看到那個影像時，你就又受了一次苦。正念提醒我們，活在此時此地是完全可能的。當下此刻就在這裡，何必要活在陳年往事中呢。

或許二十年前有人打了你一記耳光，那個影像一直紀錄在你的潛意識裡。你的潛意識裡儲藏了過往許多影片和影像，它們不斷地播放。如果你一遍又一遍地觀看那些影片和影像，你就會一直受苦。每看一遍那個影像，就又被打了一次耳光。

事實上，那些事已成過去。你不在過去，你在現在這一刻啊。無疑地，那件事曾經發生，但那是在過去。過去已經過去了，剩下的只是圖像和記憶。如果你不斷地回到過去，重溫那些影像，那就是沒有正念。如果我們能扎根於當下，從另一個角度去看過往，就有可能轉化苦痛。

當你還是小孩子時，有時候玩具會被人拿走，你因而學會了用眼淚去影響自己的處境，或者以微笑去取悅照顧你的人，讓他把你的玩具拿回來。還是個小孩子，你就已經學會了外交式的微笑。為求生存，遇到問題時只能這樣。不知不覺中，你已經學會了這些處理問題的方法。脆弱無助、不能保護自己、需要有人陪伴，這些感覺時時刻刻在我們心裡。原始恐懼——以及它的另一面，原始欲望——一直在那裡。我們的心中一直住著那個帶著恐懼和欲望的小孩。

有些人患了憂鬱症，即使生活一切順利，他們仍然感到痛苦。這是因為我們有沉溺於過往的傾向；過往雖然有很多痛苦，但是以過去為家給了我們一些慰藉。「過去」這個家安在潛意識的深處，往昔的影片在那裡不斷地播放。每天晚上你都要回去重溫那些影片，一再地受苦，而你所不斷擔憂的未來，也無非是往昔恐懼和欲望的投射而已。

不要害怕過去

我們很容易被困在過往之中，因此需要有一些東西來提醒自己活在當下。在梅村，我們利用鐘聲來提醒自己。每次聽到鐘聲，我們就修習正念呼吸，在心中默唸：「靜聽，靜聽。這美妙的鐘聲把我帶回真正的家園。」我們真正的家在此時此地，而非過去。

你可以對內在小孩說，過去不是我們的家；我們的家在當下，我們能真真正正地活在此時此地，在這一刻能得到所需的所有滋養和療癒。我們仍然經驗到恐懼、焦慮和苦惱，這是因為內在小孩還未得到解脫。他感到恐懼，不願從過往中走出來，因此你要用正念呼吸去幫助他，讓他知道他是安全和自由的。

你去看電影時，坐在觀眾席上看著大銀幕。故事裡的人經歷著喜怒哀樂，於是你也跟著哭了起來。銀幕上的故事讓你信以為真，因此你掉下了眼淚，情緒起伏波動。心是真的痛，眼淚也是真的。但是當你去觸摸銀幕時，卻摸不到任何人。什麼都沒有，有的只是一閃一閃的光線。你無法與銀幕裡的人對話，也無法邀他們和你一道喝茶；你無法讓他們停下或向他們提問。然而，那部影片真的令你痛苦，身體在痛，心也在痛。我們的記憶也是如此，儘管有些事情並非發生在此時此刻，卻令我們的情感或身體感到痛苦。

當我們發現自己常常回想已經發生過的事情，並以舊有的方式去回應新的事物時，我們就知道習性又出來了。這時候，要溫和地提醒自己，我們還有別的選擇。我們有能力如實地去看待當下這全新的一刻，過去的事情還是留待有足夠悲心的時候再回去看吧。

我們可以選擇一個適當的時間和空間，在寧靜而不忙碌時，對心裡那個受過傷害且正在痛苦的孩子說，不必再這樣受苦。我們可以握著他的手，邀請他來到此時此刻，讓他親眼見證這一刻生命中的美妙事物：「親愛的，隨我一起來，我們已經長大，無需再害怕。我們不再脆弱無助，無需再害怕什麼。」

你要教導內在小孩，邀請他和你一起來到此時此刻，活在當下。當然，我們可以正念地反思過去，但是必須安住於當下，才能向過往學習。穩固地扎根於當下，才能善巧地回望過去，從過去中學習而不受困於過去，被過去所淹沒。

計畫未來，無有恐懼

同樣地，我們可以計畫未來，但不要沉迷於計畫。有時我們不為未來作任何打算；有時卻又因為害怕未來的不確定而心生恐懼，於是執著於制定精密的計畫而不可自拔。其實，需要我們去行動的只是當下這一刻。能夠真正地扎根於當下，就能更妥善地計畫未來。正念活在當下，並不是說不能為未來制定任何計畫。活在當下的意思是，你清楚地知道因為擔心和害怕未來而失去自己，是沒有任何益處的。我們可以安住於當下，把未來帶到當下好好思量，不必在恐懼和不安中迷失自己。如果你能夠真正地活在當下，知道如何最好地照顧現在，你就是在最妥善地照顧未來。

對於過去也一樣，正念的教導和修習並不妨礙你回望過去。然而，如果我們讓自己沉浸在對過去的遺憾和悲傷裡，那就是缺乏正念。安住於當下，將過去帶到當下，你可以深觀過去。安住於當下，好好地審視過去和未來。實際上，安住於當下能讓你最有效地從過去中學習，為未來制定計畫。

如果你有朋友在受苦，你必須幫助他。「我親愛的朋友，你是安全的，現在一切都安好，為什麼還要繼續這樣痛苦？不要回到過去，那並不真實，只是個幻影。」每當我們認識到過去只是影片和圖像，並不是真實的，我們就能放下。這就是正念的修習。

三、與過去和好

擁抱自己的血緣祖先和心靈祖先。我們無法捨棄他們，他們實實在在就在我們之內，在我們的身心靈裡。要開啟寬恕這一扇奇蹟之門，第一步就是要無條件地接納。

我們的出生和童年不是原始恐懼的唯一來源，我們心中還有祖先遺留下來的原始恐懼。他們曾面臨飢餓和各種危險，有時他們極為焦慮。這些恐懼都傳遞給了我們；每個人心中都有這些恐懼。我們因為這些恐懼而讓情況變得更糟。我們擔心自己的安全、工作和家庭，我們擔心那些外來的威脅。即使此刻沒有任何不妥當的事情，我們心中的恐懼也無法止息。

有一次，一位年輕的美國人來到梅村，他和另外幾個人一起來禪修。當時我建議他們每個人給自己的父親或母親寫一封愛的信，不管父母是否還在世。寫信其實是一種修習的方法，但是這名年輕人無法做到，因為每當他想起父親，內心就感到極大的痛楚；儘管他的父親已經離世，他仍然無法與之和解。在他的成長過程中，他父親曾令他非常害怕。他心中的恐懼是如此強烈，直到現在他還是無法透過書信與他的父親對話。僅僅只是想起父親就已經讓他受不了了，更何況是要寫信給他。因此，我教他花一個星期的時間做以下這個練習：「吸氣，我看到自己是個五歲的孩子。呼氣，我對這個五歲的孩子微笑。」

孩童時期的你非常脆弱無助，父親一個嚴厲的眼神就會在你心中留下小小的傷痕。假使他叫你閉嘴，你也會受傷。你是多麼的脆弱啊。有時你想表達內心的感受卻又說不出口，而父親已經不耐煩，他說：「住嘴。」那就像是把一碗冰水淋到你的心裡。你深深受了傷，再也不願意嘗試跟他說話，父子之間的溝通變得非常困難。「吸氣，我看到自己是個五歲的孩子。呼氣，我對這個五歲的孩子微笑。」

或許你以為那個小孩子已經不在了。然而，你心裡那個小男孩或小女孩仍然存在，可能還帶著深深的傷口。他一直在呼喚你，想得到你的關注，但是你那麼忙，根本沒時間理會他。你視自己為成年人，不過實際上你就是那個受了傷、一直在害怕的小男孩或小女孩。吸氣時，你看到自己是個脆弱的孩子，悲憫在心中油然而生。呼氣時，你對他微笑，這是個理解與慈悲的微笑。

你內在的小孩受過許多苦難。小時候，身邊大人的決定對你產生了很大的影響。小孩子非常敏感，尚未出生就已經聽得到聲音，能夠分辨出是叫喊聲還是歌唱聲。如果你真的愛你的孩子，那麼在他還未出生時，你就要為他創造一個充滿愛的環境。愛在很早的時候就應該開始了。

很多年輕人說，他們憎恨父母。他們明確而強烈地表示：「我不想再和他或她有任何關係。」他們對父母是如此的憤怒，甚至要和父母斷絕關係。有時候，出於某些原因，人們在生活或情感上疏遠了父母，尤其是那些會虐待孩子的父母。而有時候，我們不願意留在父母身邊，是因為我們太脆弱了，害怕再次受傷。

即使我們拒絕與父母見面，拒絕和他們說話，我們也無法將自己和父母澈底分開。我們是父母所生，無論你怎麼憎恨他們，他們仍在我們之內。

我們是父母的延續，是無法分割的，對父母生氣也改變不了這個事實。生父母的氣不過是在生自己的氣。我們要和內在的父母和好，與他們對話，尋找和平共處的方法。能做到這一點，和解就會變得容易些。

我們有能力做出巨大的改變，無論是內在的改變，還是對外在世界的影響。因為恐懼，我們常常以為自己無能為力，但是其實我們唯一需要做的，就是修習正念步行和正念呼吸，培養覺知和理解的能量。理解能夠止息恐懼、憤怒、憎恨和其他負面情緒，讓慈愛在我們心中生起。

當我們說身心一體時，那並不只是指你個人的身與心。在你之內，有你的血緣祖先和心靈祖先。你的身體的每個細胞裡都有你父親和母親。他們真的在你之內，有你的父母親，還有祖父母和曾祖父母。你要知道，你是他們的延續。或許你以為祖先已經不在了，但是即便科學家也告訴我們，我們的祖先就在我們之內。身體的每個細胞裡都有祖先的遺傳基因，你也將存在於你的後代子孫之內，存在於他們身體的每個細胞裡。你接觸過的每個人的心識裡也都有你的存在。

想想一棵梅子樹。樹上的每顆梅子裡都有一個果核。這顆梅子核裡藏著整棵梅子樹和以往每一代的梅子樹。一顆梅子核裡蘊含了無數的梅子樹。它擁有智能與智慧，懂得如何長成梅子樹，如何長出樹枝、樹葉、花朵和梅子。然而，只靠它自己是做不到這一切的；它的智慧來自於無數代祖先的經驗和無數次的環境適應。你也是一樣。你擁有的智能與智慧讓你從幼兒長大成人，而這是因為你從血緣祖先和心靈祖先那繼承了他們無盡的智慧。

你的心靈祖先就在你之內，因為先天遺傳與後天培養是密不可分的。後天的培養會改變你遺傳得來的一些素質，日常的靈性修習和正念修習也會存在你身體的每個細胞裡。因此，你的心靈祖先亦在你的每個細胞裡。你不能否認他們的存在。

我們之中有些人的父母平安幸福，有些人的父母卻遭受了許多苦難，令他們的伴侶和孩子也吃了許多苦頭。基本上，每個人都有一些值得敬佩的血緣祖先，也有一些不那麼令人驕傲的祖先，他們身上有著許多負面的特質。但是他們都是我們的祖先。心靈祖先也是如此，有些不但沒有幫助過我們，反而傷害過我們。雖然我們感到憤怒，他們仍然是我們的祖先。

回到自己，擁抱自己的血緣祖先和心靈祖先。我們無法捨棄他們，他們實實在在就在我們之內，在我們的身心靈裡。要開啟寬恕這一扇奇蹟之門，第一步就是要無條件地接納。

修習：接納祖先

我們必須先接受自己，才能真誠且如實地接受他人。如果我們連自己也無法接受，那就永遠無法接納別人。當我觀察自己時，我看到自己正面、優秀和值得讚美的一面，也看到自己負面的地方。所以，我們首先要做的是覺察和接受現在的自己。

隨著呼吸，觀想你的祖先，你看到他們所有的優點和缺點。你必須立定決心去接受所有的祖先，不要有絲毫的猶豫。

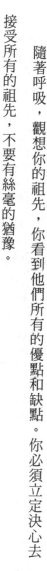

敬愛的祖先，我是你，在我之內有你們所有的優點和弱點。我看到你們正面及負面的種子。我知道你們非常幸運，心中慈悲、無畏這些美善的種子得到適當的灌溉。我也明白，如果你們不是那麼幸運，心中恐懼、貪婪、妒忌的負面種子會被澆灌，正面種子就沒有機會生長。

有些人的正面種子在生命中得到了澆灌，那既是由於幸運，也是由於自己的努力。我們的生活環境、我們身邊的人，以及正念修習，都能夠幫助我們澆灌堅忍、慷慨、悲憫、慈愛這些美善的種子。但是如果一個人生於戰亂，或出生自充滿苦痛的家庭或社區，他的心中可能會滿載著絕望與恐懼。如果做父母的受了很多苦，害怕這個世界和其他的人，他們便會在孩子的心裡也灌溉出恐懼和憤怒的種子。相反地，如果孩子在充滿愛和安全的環境裡長大，他們的正面種子就會得到養育，就能茁壯成長。

以這樣的角度去看祖先，你會理解他們也是受苦的人，他們已經盡了力。這樣的理解會消除我們心中所有的抗拒和憤怒。接受所有的祖先，無論他們有什麼樣的優點與弱點，如此一來你的心會變得更加平靜，心中的恐懼也會減輕。你也可以視你的哥哥姊姊們為最年輕的祖先，因為他們都比你早出生。和所有人一樣，他們也有優點和缺點。

如果你想處理好心中的恐懼，與祖先和解是非常重要的；要與祖先和解，我們就得勤勉地修習。無論身處何地都可以修習，佛壇前、樹下、山上或城市中，你只需觀想在你之內的所有祖先。你是他們的延續。唯有與你的祖先和好，你才能百分之百地活在當下。

四、釋放對未來的恐懼——五憶念

五憶念的修習幫助我們接受自己最深層的恐懼，接受人會衰老、生病、死亡這些不可逃避的事實。坦然接受，我們就能心安，就能擁有覺知的、健康的、慈悲的生活，不讓自己和他人受苦。

我們時常困於過去，又不停地擔憂未來。人們最大的恐懼是害怕死亡。唯有當我們直視恐懼，不再掩飾或逃避時，恐懼才會開始轉化。有一項最有力的練習，是五憶念的修習。慢慢地呼吸，正念地呼吸，吸氣，呼氣，深深地，慢慢地，然後默唸這五項憶念。這樣的修習會幫助你深觀恐懼的本質和根源。

五憶念：

我會衰老，我無法避免衰老。
我會生病，我無法避免生病。
我會死亡，我無法避免死亡。
我所珍愛的一切、我所愛的人都會改變，我無法避免要捨棄這一切。
我所繼承的，是自己身語意行為的結果；我的行為，就是我的延續。

深刻地審視每一項憶念，隨著呼吸保持覺知，這麼做能夠賦予我們力量去面對心中的恐懼。

我會衰老，我無法避免衰老

這是第一項憶念：「吸氣，我知道我會衰老。呼氣，我知道我無法避免衰老。」我們都害怕衰老，避之唯恐不及。我們但願這個恐懼能靜靜地待在心底，不要接近我們。這項憶念來自《阿含經增支部》（第三冊，第七十至七十一頁），「**當然，我一定會衰老。**」這是宇宙的定律，無可避免。許多人卻對此置若罔聞，或多或少活在抗拒裡。然而，在心的深處，我們都知道這一天必將來臨。如果壓抑心中的恐懼，恐懼會在黑暗中不斷腐壞潰爛。為了不讓那些可怕的念頭浮現心頭，我們求助於各種消費來分散自己的注意力，吃東西、喝酒、看電影或其他種種。實際上，逃避內心的恐懼最終只會讓我們自己和身邊的人受苦，而心中的恐懼卻會變得越來越強大。

我們必須接受這個實相，這個事實，不要把它僅僅當作理智上的一種認知。誦讀這一項憶念，不是簡單地重複這個已知的事實；每一次唸誦其實都是我們直接體驗實相的機會。給自己一點時間，讓這個實相滲透到我們的血肉裡，不要只是用頭腦去理解它：「是的，是的，當然現在我還年輕，但是有一天我也會衰老。」這只是停留在腦中的抽象意念，對你毫無益處，而且話音剛落我們的心就把它拋到一邊，壓抑它，忘卻它。

佛陀教導我們，要接觸實相，即我們無法避免衰老或死亡這個事實。如此，我們的恐懼以及為了逃避這個恐懼而做出的種種傻事就會止息。我們不會再因為恐懼而做出一些無意識的行為，令恐懼的循環不斷惡化，令恐懼變得越來越強大。

我會生病，我無法避免生病

第二項憶念覺察患病染疾是一個普遍的現象。「吸氣，我知道我會生病。呼氣，我知道我無法避免生病。」佛陀未出家修行和證悟前的名字叫釋達多，他是迦毘羅衛國最強壯有力的年輕人，在運動賽事中經常得到第一名。很多人都渴望擁有他的威猛強壯，包括非常妒忌他的表弟提婆達多。很自然地，釋達多的心中也生起了傲慢，因為他知道沒有人比得上他的勇猛有力。但是當釋達多在修習靜坐和觀照時，覺察到了心中的驕傲，因而能放下這個心念。

身體健康時，我們以為疾病不會發生在自己身上。我們嘲笑別人，說他們老是無緣無故生病，又要不停地吃藥做推拿。我們以為自己才不會像他們那樣呢。

然而，有一天我們也會生病。如果現在不好好地審視這個實相，當疾病真的來臨時，我們會招架不住。現在，我們仍有強健的雙腿可以跑步、行禪或者踢足球；我們的一雙手也可以做很多事情。可是許多人都沒有善用一己之力去好好地照顧自己和他人。我們沒有盡心修習，未能轉化心中的煩惱，也未能減輕自己和他人的痛苦。

可能有一天，我們只能躺在床上，就算想站起來走一走也無法做到。這正是為什麼在這一刻我們就要了解，身體不得病是不可能的。有如此的視野，我們自然就能放下此刻因為身強體壯而生起的傲慢。正法之道將會顯現；我們要善用自己的時間和精力去做應做之事，不要沉迷於那些無意義的追求而損害自己的身與心。我們需要做些什麼已經非常清楚了。

我會死亡，我無法避免死亡

這是第三項憶念：「吸氣，我知道我會死亡。呼氣，我知道我無法避免死亡。」這是一個簡單的事實，但是你不願意面對。你想要忘卻它，因為你害怕。深觀死亡是非常痛苦的。然而，死亡又是我們每個人都要面對的事實。在潛意識裡，我們想方設法要忘記它，因為每當觸及恐懼而又沒有正念能量的保護時，我們會感到痛苦。我們的防衛機制叫我們忘記它；我們不願聽到死亡這兩個字。但是在我們的心底，死亡的恐懼一直都在，一直影響著我們。

若我們能真正地面對有一天我們也將死去的這個事實（這一天或許比我們想像中的來得更快），我們就不會再去做那些尷尬可笑的事情，也不會再去維持那個長生不老的妄想。深觀死亡幫助我們集中精力於修行，致力於自己和這個世界的轉化與療癒。

我所珍愛的一切、我所愛的人都會改變，我無法避免要捨棄這一切

這是第四項憶念：「吸氣，我知道有一天我將要放下一切，包括我所愛的人和我所愛的事物。呼氣，我無法帶走他們。」今天我們所珍惜的一切，明天都要放下，無論是房子、銀行帳戶、孩子，還是美麗的伴侶。今天我所愛的一切，都將捨棄；死亡來臨時，什麼都無法帶走。這就是科學的真相。今天所愛所擁有的，明天都將不在。我們要放下的不僅僅是那些最珍惜的東西，還有我們所愛的人。

離世時，我們什麼都無法帶走。然而，每天我們都忙著積累更多的金錢、知識、名譽和所有一切，即使到了六、七十歲，還要去追求更多的知識、金錢、名譽和權力。我們知道，今日所貪求的一切，有一天都將捨棄。因此僧人們不會去積蓄財物。佛陀說，僧人應該只有三件袍衣、一個托缽、濾水器和坐墊，而即使是這幾樣簡單的東西，也要準備隨時捨去。佛陀經常說，如果我們喜歡在某棵樹下靜坐或

入睡，那麼就連這棵樹我們也不能生起執著之心。在任何樹下都要能安然地靜坐和入睡，幸福和喜悅不應依賴於某個特定的地點。隨時隨地，都要準備放下。

如此修習並能真正放下，當下我們就會感到幸福自在。如果什麼都放不下，不但在被迫捨棄的那一天會感到痛苦，今時今日以及往後的每一日也都會感到痛苦，因為害怕失去的恐懼將會如影隨形。有些人即便年歲已高，還是非常貪婪吝嗇，就像查爾斯．狄更斯的名作《小氣財神》裡的主角史古基一樣，持續不斷地積蓄財物。這是多麼令人羞愧的事啊。並不是他們不夠聰明，不知道自己很快，或許幾個月後，就要放下一切，而是因為他們心中的貪婪已經變成習慣。他們一輩子都藉著積蓄財物來追求快樂，即使到了臨終前的幾個月，還是放不下，那種習性實在是太強大了。

有這樣一個越南傳說：從前有一位富翁名叫石崇，他非常富有，在他的倉庫裡可以找到國王倉庫裡的所有東西。他很驕傲，覺得自己很了不起，他擁有的黃金和財寶不亞於國王，甚至比國王還多。有一天，國王問他，是不是真的確定自己比國王更富有。石崇很有自信，他打賭說，若國王倉庫裡有什麼東西是在他的倉庫裡找不到的話，他就將所有的財產都獻給國王。這就是財富帶來的傲慢啊。在大臣們的見證下，他們開始了這場挑戰。真的，國王拿出來的東西，石崇全部都有。最後，終於有一樣東西是國王有而石崇沒有的——一口破鍋。這口鍋雖然不能用來煮湯，還是可以用來煎魚或者燒豆腐。司法大臣宣布石崇落敗，他必須實踐諾言，將所有的財產都交給國王。石崇失望至極，竟然變成了一隻蜥蜴，不停地用舌頭發出聲響：「嘖嘖！嘖嘖！」

我們都不希望變成像石崇那樣的人，以累積財物作為自己的快樂之源。有一次，佛陀教導僧人們去看看夜空中的明月。佛陀問他們，是否能看到月亮在無邊無際的空間裡漫遊的那種喜悅。修行人應當讓自己像月亮般自由自在。沉迷於追逐更多的財富、名譽、權力和性愛，只會讓我們失去自由。

我所繼承的，是自己身語意行爲的結果；我的行爲，就是我的延續

第五項憶念提醒我們，離世時唯一延續下去的，只有我們的思想、言語和行為，即身語意三業。「吸氣，我知道除了身語意，沒有任何東西是我可以帶走的。呼氣，隨我而來的只有我的行為。」你曾有過的所有念頭，說過的所有話語，身體做過的所有行動，都是跟隨你的業，是你的延續。除此之外，一切都要捨下。

我們在這裡所說的繼承，並不是指父母遺留給你的財產，而是指自己的業果。所思所言所為就是業，在梵文裡，業的意思是行為。行為已經完成，所思所言所為卻繼續存在，它們的業果會一直跟隨著我們。無論我們是否喜歡這分遺產，它都將伴隨在我們身邊。我們所珍愛的一切人事物都必須放下，但業與業果會一直隨身陪伴。我們永遠無法逃避；我們無法對它說：「不！你無權跟著我。」業是我們的立足點；業是我們唯一的基礎，除此之外，更無其他的基礎。無論我們的行為是善或

不善，我們都得承受業果。

以正念擁抱恐懼的種子

五憶念的修習幫助我們接受自己最深層的恐懼，接受人會衰老、生病、死亡這些不可逃避的事實。若能坦然接受，我們就能心安，就能擁有覺知的、健康的、慈悲的生活，不讓自己和他人受苦。

你要邀請恐懼到你的意識裡，對它微笑。每當你對心中的恐懼微笑，它的力量會自然而然地減弱。相反地，如果你逃避內心的傷痛，就無法走出痛苦。只有深澈地去觀察恐懼的本性，才能找到轉化恐懼的方法。

深觀五項憶念，以正念擁抱恐懼的種子。恐懼的種子就在我們心裡，如果沒有修習正念擁抱，每當這些事實真的發生時，我們就會覺得非常難受。就像是見著獅子的鴕鳥，我們也把頭埋進沙子裡，用各式各樣的方法來轉移自己的注意力，看電視、玩電腦遊戲、飲酒或吸食毒品。我們試圖忽視老病死這些事實，不願去面對我們所珍愛的事物的無常本性。

如果放任自己被恐懼壓倒，我們會感到痛苦，內心的恐懼種子會變得越來越強大。但是如果我們修習正念，以正念的能量去擁抱恐懼，那麼每當恐懼被正念所擁抱時，恐懼的力量就會減弱，它會以種子的形態退回到心識深處。

我們可以用一個圓圈來代表心識，圓圈的底層是藏識，上層是意識。害怕老病死、害怕失去、害怕業果，所有這些恐懼都在我們的藏識裡。我們不願面對內心的恐懼，因此試圖把它掩蓋起來，關到地窖裡。若有人提醒我們，我們會不高興，因為我們不願意看到恐懼出現在我們的意識裡。

正念修習則與之相反。每天我們都要邀請恐懼到我們的意識裡，然後對它說：「親愛的，我不怕你，我不害怕心中的恐懼。衰老是我的本質，我無法避免衰老。」當恐懼顯現時，我們要讓正念的種子也隨之顯現，然後以正念擁抱恐懼。這時候，我們內在有兩種能量——一個是恐懼的能量，另一個是正念的能量。恐懼的能量經過正念的沐浴會削弱一些，然後它會以種子的形態退回到心識深處。

恐懼暫時消失了，但是並不代表它已經完全瓦解。當我們的心平安祥和，有時間靜修時，我們可以再一次把心中的恐懼請出來。「親愛的恐懼，請你上來，讓我擁抱你一會兒。我會死亡，我無法避免死亡。」我們可以與內心的恐懼共處，以正念能量擁抱恐懼五分鐘、十分鐘、二十分鐘或三十分鐘，視我們的需要而定。如此每天擁抱心中的恐懼，它的力量就會漸漸減弱。

五、無來無去

有與無的觀念讓我們產生了巨大的恐懼。當雲從天上消失時，它並非由有變成無；它將永遠延續下去。雲的本性是不生不滅的，你所愛的人如是，你亦如是。

我們最大的恐懼，莫過於害怕死後會化為烏有。許多人相信，人的存在只限於某一段時間，意即受限於我們的**壽命**。我們以為，生命自出生那一刻開始，由無變成有，死後又變成無。因此我們的心中充滿了對斷滅的恐懼。

但是如果深入觀察，我們會對人的存在產生非常不一樣的理解。我們會看到，生死只是個概念，並非實相。佛陀教導我們，沒有生也沒有滅。我們卻以為，那些生死的概念都是真實的。這種想法製造了強大的幻象，讓我們吃了許多苦頭。若能明白生命其實無可壞滅，我們就能從恐懼中解脫，如釋重負。我們可以從一個嶄新的角度去享受和欣賞生命。

我的母親過世時，我非常悲痛。她離世那天，我在日記裡寫下了這句話：「我人生中最大的不幸發生了。」有一年多的時間，我都在為母親的離世傷心難過。那時候，我在一間寺院後面的茅屋裡靜修，寺院位於越南一處高原的半山坡，山上種滿了茶樹。有一天晚上，我夢見了母親。我看到自己坐在她的身旁，愉快地和她說話。她看起來年輕而美麗，長長的秀髮披在肩膀上。和母親坐在一起聊天非常快樂，就好像她沒有離世一樣。

當我醒來時，心中有一種強烈的感覺，我覺得自己根本沒有失去母親，她仍然和我在一起，那種感覺非常清晰。之前我以為自己失去了母親，不過那只是個想法。在那一刻，一切變得如此清晰，母親仍活在我之內，也將永遠活在我之內。

我打開門，走到屋外，整個山坡都籠罩在月色裡。我在柔和的月色下漫步，經過一排排的茶樹。我能感覺到母親真的和我在一起。她就是那撫慰我心靈的月光，就像她以前經常做的那樣，輕輕地、甜蜜地撫摸著我。當我的雙腳接觸大地時，我知道母親和我在一起。我知道這具身體不僅僅屬於我，它也是我的父母、祖父母、曾祖父母以及所有祖先的延續。我所看到的「我」的腳，實際上應該是「我們」的腳。母親和我一起在濕潤的泥土上留下了足印。

從那一刻開始，我再也不覺得我失去了母親。只要看看自己的手掌，或者感受微風輕輕吹拂過我的臉龐，或者感受腳下的泥土，我就會記起，母親和我在一起，她一直就在我的身邊。

失去摯愛令人痛苦，但是如果你懂得深入觀察，就有機會去體證他或她那不生不滅的本性。萬物顯現，然後消失，如此才能有下一次的顯現。你要特別留意才能覺察到他新的顯現形態。如果你用功修習，就可以做到。注意觀察你周圍的世界，不論花草、樹木、鳥兒或雨水。如果你能夠停下來深入地觀察，你會覺察到你的摯愛一次又一次地以不同的形態顯現。你就能放下心中的恐懼與傷痛，重新感受生命的喜悅。

此刻再沒有恐懼

有時我們未能全然活在當下，沒有真正體驗生命，也沒有真正為自己和摯愛而在。如果我們不在當下，我們又在哪裡呢？我們在奔跑，不停地奔跑，即使在睡夢裡也在奔跑。為了逃避內心的恐懼，我們不停地奔跑。

如果把時間和精力都花在擔心過去和憂慮未來，我們就沒有時間去享受生命了。無時無刻不在擔驚受怕，又怎麼能覺察活著是多麼的美妙呢？不要錯過在當下快樂生活的機會。在日常生活裡，我們傾向於相信幸福只能在未來出現。我們不斷地去尋找那些還未擁有，但為了讓自己快樂而必須擁有的「正確」條件。我們忽視當下正在發生的事情，非要去尋找那些讓我們覺得更踏實、更安全、更有保障的東西。我們總是在恐懼未來，不知道未來會怎麼樣。我們害怕會失去工作、財產或身邊所愛的人。因此，我們一直在等待和冀望那奇妙的一刻，那只能在未來發生的一刻，我們以為到了那一天就可以萬事大吉，萬事如意了。我們忘記了，生命只在當下。佛陀說：「在當下幸福地生活是可能的，我們所有的，就只是這一刻。」

藏在田裡的寶物

聖經裡有一個故事：一位農夫在他自己的田地裡發現了寶物。回家後，他放棄了其他的田地和所有的財產，只保留了這一小塊埋藏著寶物的土地。這些寶物好比天國。我們知道，如果要尋找天國，就要在當下尋找，因為我們真正活著的就只是當下這一刻。過去已經過去，未來還未到來。要尋找天國或淨土，要尋找幸福、平安和滿足，只能在當下此刻尋找。這一點如此簡單又如此清晰。然而，我們的心常常溜到過去或未來，因此我們要覺察這個習性，學習如何去改變它，讓自己真正扎根於當下。

有一次，佛陀為一群商人開示。他的開示主題是：「我們可以幸福地活在當下。」佛陀看到很多商人非常擔憂未來的成功，他們無法享受當下，既沒有把時間留給自己和家人，也沒有時間去愛以及讓身邊的人幸福。他們不斷地被未來拉走。

淨土就在當下，淨土就在此刻，你無法在未來找到淨土。天國也是一樣。天國就在此刻，並不在未來。天國並不只是一個美麗的概念，它真實存在。當你正念呼吸和步行時，你會回到當下這個家，接觸到內在和周圍美好的事物，接觸到天國和淨土裡的一切。一旦找到了天國和淨土，你就不會再去追求那些名利和感官愉悅了。

回到當下，我們會看到自己已經擁有許多幸福的條件，無需再去奔跑和追逐。我們已經擁有足夠多的條件讓自己幸福快樂。當下的幸福快樂是完全可能的。

佛陀教導我們，當下就可以快樂地生活。這個教導真是讓我們高興，現在就可以享受快樂了。這個修習的方法也讓我們感到非常快樂。就像我們一起去爬山，不用怎麼費力，只要好好地享受每一步，就可以到達山頂。如此走路，不被過去或未來拉著走，我們所走的每一步就能走在天國和淨土裡。

此時此地

我已到了，已到家了
在此時，在此地
我不動，我自在
如實中，我安住了

I have arrived, I am home
In the here, in the now
I am solid, I am free
In the ultimate I dwell

回到此時此地，我們會覺察到自己已經擁有許多幸福的條件。正念修習，就是要回到此時此地，深刻地接觸自己，接觸生命。我們要訓練自己如此修行。即使我們非常聰穎，一聽就能明白其中的道理，還是需要訓練自己把這個道理應用在生活上。我們要訓練自己去覺察此刻已有的許多幸福條件。

你可以隨著自己的一呼一吸背誦上面這首短詩。開車上班時也可以如此修習。或許你還在開車，還未到達公司，但是你已經到了真正的家園，就是當下此刻。當你到達公司時，那也是你真正的家園，因為在公司裡你也可以活在此時此地。僅僅修習短詩的第一句，「我已到了，已到家了」，就可以讓你感到非常幸福。無論是坐著、走路、為植物盆栽澆水，還是餵孩子吃飯，都可以修習「我已到了，已到家了」。我們一輩子不停奔波，不能再這樣繼續下去了。現在就要立定決心，停下來，真正體驗生命。

吸氣時，我們說：「我已到了。」真的到了，那便是成功。完全到達，百分之百地活在當下，是非常了不起的成就。當下此刻會成為我們真正的家園。呼氣時，我們說：「已到家了。」我們真的感覺到家了，不會再感到害怕。真的，我們無需再奔波。

讓我們重複這兩句真言，「我已到了，已到家了」，直到它變為事實。重複吸氣呼氣，向前邁步，直到我們穩固地扎根於此時此地。這些字語可以幫助你集中覺知和生起洞察，但是不要讓它們成為你的阻礙。把你帶到真正家園的，是你的洞察，不是這些字語。

實相的兩個面向

如果你能成功地回到家裡，真正地安住於此時此地，你會感到安穩自在。安穩自在是幸福的基礎。然後，你會看到實相的兩個面向——歷史面向和究竟面向。

我們可以用水和浪來代表實相的兩個面向。在歷史層面，也就是從波浪的角度去看，我們看到浪似乎是有始有終的。如果在浪與浪之間做比較，它有高有低；有美的，也有不那麼美的；有時有，有時沒有；此刻有，下一刻也許就沒有。當接觸歷史層面時，我們首先看到的是所有這些概念：生與滅、有與無、高與低、來與去等等。但我們知道，如果更深入地去碰觸波浪的話，我們接觸到的其實是水。水是浪的另一個面向，它代表的是究竟的層面。

在歷史面向上，我們會說生滅、有無、高低或者來去。但是在究竟面向上，這些概念都消失了。如果浪能接觸到它內在水的本性，如果浪能同時以浪和水的形態存在，那麼浪就不會再害怕始終、生滅、有無這些概念；無有恐懼，它就能感到安穩喜悅。浪的本性是不生不滅，無始無終。這也是水的本性。

我們就像那波浪一樣。從歷史的面向，我們說生命由某一點開始，然後在某一點結束。我們以為這一刻我們是存在的，而在出生前我們則不存在。受制於這些想法，我們心中生起了恐懼、妒忌、貪婪、種種爭鬥煩惱。然而，如果現在我們能夠回家，能夠更安穩自在，我們就能接觸到自己的本性，即我們的究竟面向。由究竟的面向去看自己，我們就能從所有那些令我們痛苦的概念中解放出來。

當恐懼的能量減弱，我們可以在究竟的面向上深觀恐懼的根源。在歷史的面向上，我們看到生老病死；而在究竟的面向上，生與滅並不是事物的本性。事物的本性是不生不滅。我們可以先在歷史的面向上修習，然後再從究竟的角度去修習。第一步，我們要接受有生有死。第二步，因為我們接觸的是究竟的面向，我們會認識到，生與死只是概念性的思考，並不是事物的實相。觸及究竟的面向，就能觸及萬物不生不滅的實相。

要先從歷史的角度去修習，然後才能成功地在究竟的層面上修習，這一點非常重要。究竟層面的修習，是指去接觸萬物不生不滅的本性，就像是浪接觸到自己水的本性。我們可以用比喻的方式來提問：「浪從何而來，又往何處去？」然後以同樣的方式來回答：「浪從水而來，又回到水處。」而實際上，既無來也無去。浪根本就是水；它非「從水而來」，也不會往哪裡去。浪永遠是水，來與去只是我們心理的架構。浪從未離開過水，所以浪「從水而來」這個說法並不完全正確。而浪一直是水，所以也不能說浪「回到」水裡。在浪成為浪的那一刻，浪已然是水。生與滅，來與去，只不過是個概念。當我們接觸到自己不生不滅的本性時，心中就再無恐懼。

不生不滅的本性

雲不可能變為虛無。雲可以變成雨、雪或冰雹，但不可能成為虛無。斷滅之見是不正確的。如果你是一位科學家，你認為人在身體分解後就不復存在，由有變成無，那麼你就不是一位出色的科學家，因為你的見解不符合事實。

生與滅是一組相對的概念，來去、常斷、自他也是。天上的雲是一種新的顯現。未成為雲之前，它是由海水和陽光產生的水蒸氣，你可以說那是雲的前生。雲只是個延續，它並非無所從來，它永遠是由某些東西而來。因此，無所謂生，只有延續，這是萬物的本性，不生不滅。

十八世紀法國科學家安東萬・拉瓦節（Antoine Lavoisier）曾宣稱：「沒有任何

事物被創造出來，沒有任何事物被毀滅。」（Rien ne se crée, rien ne se perd.）拉瓦節看到的實相正是佛陀所看到的，無生亦無滅。我們真正的本性是不生不滅。只有當我們接觸到自己真正的本性時，才能超越對無和斷的恐懼。

當條件俱足，我們看到某些東西顯現，我們就說它存在。如果缺失了一兩個條件，原本的東西不再以同樣的形態顯現，我們就說它不存在。分別存在與不存在是不正確的。事實上，沒有任何東西絕對存在，也沒有任何東西絕對不存在。

無來無去

對很多人而言，生滅、來去這些概念給我們帶來的苦痛是最多的。我們以為所愛的人從某個地方而來，現在又去了另一個地方。然而，我們真正的本性是無來亦無去，不會無所從來，也不會去無所蹤。條件俱足，我們以某一種形態顯現；條件不再俱足，我們就不再以這一種形態顯現，但是這並不意味著我們不復存在。如果我們害怕死亡，那是因為我們尚未明白，沒有任何東西會真正死去。

人們願意相信，不想要的東西可以被澈底消滅。村莊可以被燒毀，人可以被殺掉。然而，殺了某人並不代表這個人就完全消失了。聖雄甘地和馬丁·路德·金恩都被暗殺了，但是這些偉大的人物依然活在我們之中。他們以許多不同的方式繼續存在，他們的精神仍在。因此，當我們深觀自己的身受想，當我們觀察山河大地或身邊的人時，要看到和接觸到萬物不生不滅的本性。這是佛教傳統中最重要的一項修習。

無常

根據佛教智慧，認為事物恆久不滅或永久常存這樣的見解是錯誤的。萬物皆無常，事物瞬息萬變，沒有什麼是永恆不變的。無常，是萬物的本性。但是如果認為人死後會澈底灰飛煙滅，這也是不正確的。不朽與斷滅，是一組對立面。永恆不朽是錯誤的觀念，因為至今為止我們還未曾見過任何東西是永恆不朽的。我們看到，萬事萬物皆是無常，瞬息萬變。而另一方面，斷滅也是錯誤的見解。

例如，我們說雲滅去了。當你望著天空，看不到你喜歡的那朵雲彩時，你哭著說：「親愛的雲啊，你不在了，沒有你我怎麼活下去？」你哭啊哭，你以為那朵雲由有變成無，由存在變成不存在了。

事實上，雲是不可能死的。死亡意味著一樣東西突然完全化為虛無，或者一個人突然澈底消失，彷彿從來沒有存在過。但是我們看到的事實並非如此。這也是為什麼當我們為某人慶祝生日時，不要唱「祝你生日快樂」，還是唱「祝你延續日快樂」比較好。出生，並不是你的開始，而是你的延續。在這之前，你已經以其他的形態存在了。看看這張紙，在成為紙之前，它是其他的東西。紙並非從無而來，因為無不可能突然變成有。深觀這張紙，你會看到樹木、滋養樹木成長的土壤、太陽、雨水和雲朵，還有伐木工人和造紙廠。你看到了紙的前生，紙就是從那裡來的。它並非從無而來。紙只是它的一個新顯現形式，並不是它的誕生。所以，紙的本性是不生不滅。

這張紙也不會死去。你可以把它燒了，它會變成煙、氣體、灰，還有熱能。它以其他的形態延續下去。因此，如果認為事物一旦分解就會蕩然無存，這是錯誤的觀點，也就是我們所說的**斷見**。

如果你失去了至親，並為此而哀傷，你要深入地再去看一看。你會發現，我們所愛的人依然以某種形態延續著，而且我們可以幫助他以一種更美的姿態延續下去。他仍然活著，就在我們之內，就在我們身邊。這樣去看事物，我們就能辨別出他的不同形態，就像我們在一杯茶裡能看到雲一樣。正念而專注地喝茶，你會看到雲就在茶之內，與你非常接近。你從未失去你的摯愛，他只是以不同的形態存在罷了。

我們要有這樣的視野和洞察才能超越哀慟。我們以為永遠失去了他，但是他並沒有死，並沒有消失。他以一種新的形態繼續存在。我們要修習深刻觀照，覺察他的延續，給予他支持：「親愛的，我知道你以某種形態存在著，這一點我確信無疑。我為你呼吸，為你四處尋找，為你享受生命。我知道你仍在，就在我的身邊，就在我之內。」將心中的痛苦與恐懼轉化成覺醒與智慧，如此我們就會感覺好得多。

能夠克服生與死的觀念，就能擺脫恐懼的操控。有與無的觀念讓我們產生了巨大的恐懼。當雲從天上消失時，它並非由有變成無；它將永遠延續下去。雲的本性是不生不滅的，你所愛的人如是，你亦如是。

欣賞我們之所在

想像一下，有兩個太空人被派到月球去。他們在那裡發生了意外，因而無法乘坐太空船返回地球，而他們的氧氣只夠用上兩天。從地球上派人及時把他們救回來也不可能，總之他們只剩下兩天的生命了。

這時候，如果你問他們：「你最深切的願望是什麼？」他們會說：「回家，在美麗的地球上漫步。」對他們來說，這就已經足夠了。他們不想成為大財團的董事長、名人或美國總統。他們只是想回來，在這個地球上漫步，享受邁出的每一步，傾聽大自然的聲音，或者握著愛人的手在月光下散步，除此之外別無他求。

我們要像那些從月球上死裡逃生的人一樣，過好生命的每一天。我們此刻就在地球上，要好好地享受在這個珍貴而美麗的星球上漫步的感覺。臨濟禪師說：「在水上或火上行走都不是奇蹟，在這片大地上行走才是。」我珍惜這個教導，享受步行時就只是步行，即使在繁忙的機場或火車站，我也能享受步行。如此走路，每一步都是在撫摸大地母親。我們可以以此來鼓勵其他人做同樣的修習，享受生命的每一刻。

尋找堅實的基礎

在日常生活中，心中的恐懼讓我們迷失了自己。身體在此，心卻跑到了別處。有時候，我們一頭栽進書本，書將我們帶到遙遠的地方，遠離我們的身體和當下的現實。而當我們剛把書本放下，心又被舊有的擔憂與恐懼帶走了。我們甚少回到內在的平安和清明，回到人人心中都有的佛性，所以我們總是無法接觸大地母親。

許多人都忘記了自己的身體。他們生活在虛構的世界裡，那裡有很多的計畫與恐懼，有很多的不安與夢想。他們沒有活在自己的身體裡。當我們被恐懼所困擾，心裡盤算著如何擺脫恐懼時，就無法看到大地母親賜予我們的種種美麗。正念修習提醒我們回到自己的呼吸，完全專注於自己的呼吸。我們要把心帶回身體，回到當下這一刻，深刻地觀察此刻呈現在我們眼前的美好事物。大地母親是如此的強大，如此的慷慨，賦予你如此之多的支持。你的身體也是如此的奇妙。當你開始修習並能夠像大地一樣穩固時，你就能直面困境，困難也會開始消散。

修習：回到當下，體驗呼吸

給自己一些時間，好好享受正念呼吸這個簡單的修習。「吸氣，我知道我在吸氣。呼氣，我知道我在呼氣。」只需要一點點的專注，你就可以把自己帶回當下。修習正念呼吸的這一刻，你的身心開始歸於一體。只需十到二十秒，你就可以締造這個奇蹟。身心一如，安住於當下，這是人人都可以做到的，小朋友也可以。

佛陀說：「過去已過去，未來還未來，只有當下這一刻才是生命唯一所在。」修習正念呼吸，把身心帶回當下，不要錯過你與生命之約。

六、送給你的禮物——無畏

痛苦來自無明，對自己以及周圍世界的無明。因為不理解，所以害怕和恐懼，而恐懼又造成痛苦。因此，無畏是施予自己和他人最好的禮物。

如果你所愛的人正面臨死亡，他可能極之恐懼。如果你想幫助他，就要學習培養自己心中的無畏。真正的幸福是以無畏為基礎的，施予別人無畏，就是贈予一份最好的禮物。在這個困難的時刻，如果你能安穩地坐在他的身邊，就是在幫助他無有恐懼，平安地面對死亡。無畏是佛法的要義。

禪修能幫助我們產生念與定的能量。這些能量為我們帶來智慧，讓我們了解到萬物沒有真正的生或滅。有了如此的洞察，我們就能從死亡的恐懼中解脫出來，就不會再被恐懼擊倒。這對我們是一個極大的安慰。無畏，即是最終的喜悅。

若我們心懷恐懼，就無法全然地感受幸福。只要我們還在追逐各種欲望，心中就會有恐懼，因為恐懼和欲望總是結伴而行。我們想要安全和幸福，於是開始渴求某個人、某些東西，或者某種想法，例如財富或名譽。我們以為，有了這些東西就可以保證幸福和快樂。然而，人的欲望永無止盡，所以我們只能不停地奔跑，不停地害怕。但是如果你能停止追逐那些欲望，無論那是人、物或者想法，你的恐懼就會開始消散。無有畏懼，心自然就能平安。身心平安，就不會再被擔憂所困擾，發生的意外也會減少。你是自由的。

能夠培養出無畏與無所執著的能力，要比金錢或其他物質財富來得珍貴。恐懼破壞了我們的生命，令我們苦不堪言，就像溺水的人見到任何浮著的東西一樣，我們會緊抓這個人或那個東西不放。修習無所執著，與別人分享你的這個智慧，就是贈予他們無畏這個禮物。萬物皆無常。這一刻會過去，我們所貪求的東西也會消逝，但我們知道，幸福總是可能的。

毒素

我們不願面對心中的恐懼、憤怒和痛苦。為了壓制它們，於是我們利用現代社會裡的各種東西去填塞自己的生命，像是網站、遊戲、電影、音樂或其他東西。這些東西裡可能含有很多毒素，它們徒然增添了我們的恐懼和病痛。

假設你看了一個小時的電視。這好像是很短的時間，但是這一個小時的節目裡可能包含了大量的暴力、恐懼和毒素。每一天你都這樣麻醉自己，以為可以藉此得到某種舒緩。然而，在娛樂自己的同時，你將更多的痛苦帶入自己的意識深處，讓心裡積累的苦痛越來越多。我們每天攝入東西在毒害我們自己。我們還把電視機當作照顧孩子的保母，任由孩子每天受著電視裡所見所聞的毒害。佛陀把這些東西稱為「毒」。我們的心識深處已經存有很多毒素，而我們又放任自己吸入更多的毒素。

我們的環境也深受毒物的汙染。禪修，意謂覺察當前所發生的一切，不單是自己的身體，還包括這個世界。我們以毒物餵養自己和孩子，這就是當下正在發生的事實。如果你能夠覺察到這一點，就會醒悟到我們整天都在毒害自己。我們必須找到方法，停止攝取這些毒素，不再用毒物餵養心中的恐懼。

相即的本質

深刻地去看一張紙，我們看到它蘊含了整個宇宙：陽光、樹木、雲、土地、礦物質和所有一切。紙含藏一切，只有一個東西除外，只有這個東西是空缺的，那就是獨立的自我。這張紙不可能獨立存在，它必須與宇宙萬物相依而存。在這兒，「相依而存」比「存在」更為恰當，因為存在其實就是指相依而存在。沒有陽光，沒有森林，這張紙就不可能存在。這張紙必定是與陽光和森林相互依存的。

如果你問佛陀，這個世界是怎樣形成又如何存在的，佛陀會非常簡單地說：

「此有故彼有，此無故彼無。」因為有陽光，所以有這張紙。因為有樹木，所以有這張紙。你不可能獨立存在，你必定與宇宙萬物相互依存，這就是相即（inter-being）的本性。我知道，相即或相互依存這些詞仍未輯錄在字典裡，但是我相信這一天很快就會到來。這些詞語幫助我們看到事物的本性，即萬物相即的本性。

執著於獨立自我這個概念，你會有很大的恐懼。如果能深刻地觀察並在萬物中看到「你」，這個恐懼就會息滅。

我是個僧人，每天我都會修習觀照。我並不只是給學生們講講課，我在他們之中看到我。我在祖先之中看到我。無論何時何地，我都能看到自己的延續。每天我都要盡心將自己的修行以及師長們給我的教導傳遞給我的學生們。

我不相信有一天我會不復存在。我對朋友們說，二十一世紀是一座美麗的山崗。我們要作為一個共修團，一起去攀登這個山崗，我會一直和共修團在一起。對我來說，這根本不是問題。在我之中，我看到所有人；在所有人之中，我看到我自己。這就是觀照的修習，觀空性的修習，相即的修習。

給孤獨長者的事跡

給孤獨長者，生於兩千六百年前，是佛陀最早的追隨者之一。他是一位商人，為人非常慷慨大方，他把自己的時間和精力都花在照顧城中的貧苦大眾。他將自己許多的財產都施予貧苦者，但是他的財富並未因此而減少，因為他得到了莫大的喜樂。他在商業圈子裡有很多朋友，備受眾人愛戴。

給孤獨長者非常高興能夠奉侍佛陀。他用自己的財富買下了一個園區，建了一所修習中心，名為祇陀園，讓佛陀和比丘們在那裡修行。祇陀園成為著名的修行場所，人們每個星期都要來這裡聽佛陀的開示。

一天，佛陀得悉他鍾愛的弟子給孤獨長者害了重病。佛陀去探望他，並告誡他躺在床上時要修習正念呼吸。之後，佛陀又叫舍利弗去照顧他。舍利弗是給孤獨長者的好朋友，他和師弟阿難陀一起去探望給孤獨長者。他們到的時候，給孤獨長者的身體非常虛弱，已經無法坐起來迎接朋友們了。舍利弗說：「沒關係，好朋友，不用起來，安靜躺著就好。讓我們搬些椅子坐在你身旁吧。」

舍利弗首先問了一個問題：「我的好友，給孤獨長者，你覺得怎麼樣？身體的痛楚是增加了，還是減退了？」給孤獨長者答道：「沒有啊，我的摯友，身體的痛楚沒有減輕，反而不斷增加。」

舍利弗聽後，決定帶領給孤獨長者做一些禪修練習。舍利弗是佛陀最出色的弟子之一，他清楚知道，若能幫助給孤獨長者集中心意於憶念佛陀，也就是他一直欣喜奉侍的佛陀，給孤獨長者便會感到快樂。舍利弗想要澆灌給孤獨長者心中幸福喜悅的種子，因此和給孤獨長者說起他生命中曾經歷過的所有快樂，這麼做將灌溉給孤獨長者心中的美善種子，在這個關鍵的時刻能夠舒緩他的痛楚。

舍利弗請給孤獨長者覺知一呼一吸，集中心意於那些最快樂的回憶，例如他曾經幫助過的貧苦大眾，他的慷慨施捨，他對家人和佛弟子的愛與慈悲。

過了五、六分鐘後，給孤獨長者全身的痛楚就減輕了，他心中的幸福種子得到了澆灌，臉上也露出了笑容。對於病危或臨終之人，灌溉他們心中幸福的種子是非常重要的。人人心中都有幸福的種子，在病危或臨終這樣的困難時刻，需要有朋友陪伴在身邊，幫助他們去接觸心中幸福喜悅的種子。否則，恐懼、愧疚、絕望這些種子就會發芽，形成強烈的情緒，最終壓垮他們。

當給孤獨長者露出微笑時，舍利弗知道這個修習成功了。舍利弗請給孤獨長者繼續跟他修習：「我的好友，給孤獨長者，現在讓我們開始六個感官的修習。覺知呼吸，隨我修習。」

雙眼不是我，我不執著於雙眼。
身體不是我，我不執著於身體。
我的生命沒有界限。
身體的退化不代表生命的終結。
我不只是身體。

當一個人瀕臨死亡時，他可能會執著於他就是這個身體的想法。他以為，身體的瓦解就等同於他的瓦解。人們害怕死後會化為烏有，但是身體的瓦解並不會影響人的本性。這就是為什麼我們要具備深觀的能力，如此我們才能看到我們和這個身體的分別，我們不只是這個身體。每個人的生命都是無限的。

這個身體不是我，我不執著於這個身體。
我的生命是無限的。
雙眼不是我，我不執著於雙眼。
鼻子不是我，我不執著於鼻子。
舌頭不是我，我不執著於舌頭。
身體不是我，我不執著於身體。
心意不是我，我不執著於心意。

舍利弗與給孤獨長者對六個感官的覺知對象進行了禪修。人在臨終之際，可能會執著於眼睛所見、耳朵所聞、自己的身心或者其他，他以為這些都是他，而他正在失去它們，所以他覺得他在失去自己。這個禪修練習會給患病或臨終之人帶來極大的安慰。

我所看到的東西不是我，我不執著於我所見。
這些聲音不是我，我不執著於這些聲音。
這些氣味不是我，我不執著於這些氣味。
這些味道不是我，我不執著於這些味道。
我身體所觸摸到的東西不是我，我不執著於我所觸。
這些思想不是我，我不執著於這些思想。

給孤獨長者認識兩位尊者很久了，他們都是佛陀鍾愛的弟子，現在他們就坐在他的身旁支持他。因此，雖然給孤獨長者病得很重，他還是能輕鬆地做這個禪修練習。之後，舍利弗又繼續指導他對時間做禪修：

過去不是我，我不限於過去。
現在不是我，我不限於現在。
未來不是我，我不限於未來。

最後，他們對有與無、來與去做禪修。這些是非常深刻的教導。舍利弗說：「我的好友，給孤獨長者，萬物由因緣而顯現，它們的本性是不生不滅，無來無去。「當身體顯現，它就顯現。身體不是從無而來的。因緣俱足，身體顯現時，你說有一個身體。因緣不再俱足，你看不到身體時，你說身體沒有了。然而，萬物的本性是不生不滅的。」

給孤獨長者是位出色的修行人。修習至此，他非常感動，立即有所感悟。他接觸到了不生不滅的向度，不再以為自己只是這個身體。他放下了生與死、有與無這些觀念，接受和體證了無畏這一份禮物。

一切事物的顯現都有其顯現的複合因素。因緣俱足，這個身體就顯現；因緣不再俱足，身體就不復顯現。眼、耳、鼻、舌、意、色、聲、香、味、觸等等亦是如此。這樣說好像有點深奧，但是我們每個人都有深刻理解這一點的能力。理解死亡的本性，才能理解生存的本性。不理解死亡，就不會理解生命。

佛陀的教導讓我們從痛苦中解脫出來。痛苦來自無明，對自己以及周圍世界的無明。因為不理解，所以害怕和恐懼，而恐懼又造成痛苦。因此，無畏是施予自己和他人最好的禮物。

無畏的修習是非常重要的修習。在這個修習中，我們通過觀照，釋放一直藏在心裡的深層恐懼。無有畏懼，生命會更加喜悅美好，你能夠幫助許許多多的人，就像舍利弗幫助給孤獨長者那樣。無畏的能量是社會運動和慈悲行動的關鍵和最堅固的基礎，這些行動致力於保護人民和大自然，幫助我們達成服務眾生、愛護眾生的理想。

活著時快樂地生活，離世時安詳地離去，這是完全可能的。我們要做的，是看到我們將以許多不同的形態繼續顯現。如果內心安穩，心中沒有恐懼，就有能力幫助其他人平安地面對死亡。很多人都害怕自己有一天將不再存在，這樣的恐懼令我們非常痛苦。因此，我們要讓臨終的人知道，我們的存在只是一種顯現，是許多不同顯現的延續。如此，對生死的恐懼就不會再影響我們，因為我們已經明白，生與死只是個概念。這樣的智慧可以讓我們擺脫對死亡的恐懼。

如果我們懂得如何修習，如何深入不生不滅的實相，如果我們知道來與去只是個概念，如果我們的心安穩平靜，我們就能幫助臨終的人息滅心中的恐懼，減輕他們的痛苦。我們可以幫助他們安然地離去。當我們理解，沒有死亡而只有延續時，我們也能幫助自己無有恐懼地生活，安然地面對死亡。給孤獨長者在臨終之際收到了一份最好的禮物——無畏；他因而能夠莊嚴安然地往生，無有痛苦和恐懼。

七、正念的力量

正念能量把我們的心帶回身體，讓我們的身心能夠穩穩地安住於此時此地。這時候，我們能夠深刻地接觸到生命和生命中的美好事物，真正地活出生命。

每個人都有正念、正定、理解和慈悲的能力，這些都是我們內在的特質，你可以稱之為佛性。因此，當你唸「皈依佛」時，並不是說你要皈依外在的某個神靈。皈依佛的意思是，你對自己有信心，相信自己具有愛和理解的能力。

佛陀步入晚年後，在他般涅槃前說：「我的朋友，我的弟子，不要皈依任何外在的東西。在我們每個人的心裡都有一座島嶼，那兒非常安全。每當你正念呼吸，回到心中的島嶼時，你就為自己創造了一個放鬆、專注和理解的空間。以正念呼吸安住於心中的島嶼，你是安全的。當你感到恐懼、不明確、混亂時，那就是你的皈依處。」

在梅村，我們把這首短詩譜上音樂，用它來做皈依的修習。

吸氣，
呼氣。
佛陀是正念
照耀遠近。

Breathing in,
Breathing out.
Buddha is my mindfulness
Shining near and shining far.

覺知呼吸的修習會讓我們產生正念的能量，我們把它稱為「呼吸的正念」。這個正念能量就是佛，因為佛陀是由正念形成的。我們每個人都可以像佛陀一樣產生正念能量。如果你信仰基督，也可以把這個能量理解為聖靈；聖靈可以被形容為上帝的能量。正念步行和正念呼吸可以製造這個強大的能量。我們依止正念能量，因為它像一道照亮前路的光芒，為我們清楚地展示當前所在，以及下一步的前行方向。

修習正念呼吸時，產生的正念能量會幫助你釋放身體和情緒上的緊張。你的身體可能有些緊張，或者你有著某種強烈的情緒，例如恐懼或絕望。正念能量會擁抱、平靜和釋放你的緊張和苦痛。這個能量會讓你平靜下來，釋放心中的恐懼。

皈依心中的島嶼並不表示你要離開這個世界，它的意思是回到自己，讓自己更加地安穩。你可以一邊在城市中行走，一邊安住於心中的島嶼。當你安穩平靜時，你對周圍事物的反應會非常不一樣。

你的身體或許很緊張，你的心中或許有強烈的情緒。當你修習正念呼吸時，正念能量會幫助你舒緩身體和情緒上的緊張感，減輕身心的痛苦。如此實實在在地修習一、兩分鐘，回歸自己心中的島嶼，你會平靜下來，不再受恐懼或絕望的困擾，內心的感受也會轉化。在過去三十年間，我經常用這首偈頌來修習，也將繼續用它來修習。

佛陀在進入般涅槃前，教導我們要皈依自己心中的島嶼。佛陀知道，入涅槃後，他的弟子們會感到傷痛，因此他教誨他們去尋找自己內在的老師，不要依靠外在的老師。老師的身體會瓦解，但是老師的教誨已然在弟子心裡。回到自己心中的島嶼，你會看到老師就在你之內。

內與外，沒有什麼分別。實際上，當我們回到自己的內在時，反而能夠更好地與外在接觸。如果你的心沒有與身體在一起，不是身心一體，你就無法真正地與外在接觸。要向外，就得先向內。如果你能深刻地接觸內心，你就能接觸外在；如果你能深刻地接觸外在，你就能同時接觸內心。

回到心中的島嶼，培養正念和正定。若你被負面的情緒困擾，例如恐懼、憤怒或絕望，你可以修習這首偈頌，回到心中的島嶼以作皈依。如此修習幾分鐘後，你一定會感覺好得多。如果你身陷危險或恐怖之中，如果你得了重病，或者任何你不知所措的時候，你都可以如此修習。如果人人都能如此修習，我們會有足夠的平靜、祥和及清明讓自己脫離困境。皈依心中的島嶼，將為我們的日常生活帶來喜悅與平安。

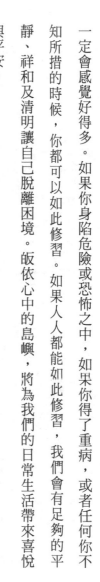

培養正念能量

正念能量把我們的心帶回身體，讓我們的身心能夠穩穩地安住於此時此地。這時候，我們能夠深刻地接觸到生命和生命中的美好事物，真正地活出生命。正念讓我們覺知此時此刻所發生的一切，包括我們的身體、感受、知覺和整個世界。清晨山崗上的層層薄霧，日出時的壯麗景色，這一切是多麼美麗。我們想去接觸這些美妙的景緻，讓它們滲入我們的內心，滋養我們的身心。但是有時候，因為某種情緒或感受的生起，我們無法享受此時此地的美好。當其他人的身心沉浸在雄偉的山脈、壯麗的日出和大自然的美麗中時，我們卻被心中的擔憂、恐懼和憤怒所困擾，無法讓日出的美麗真正地滲入內心。內在的情緒阻礙了我們，使我們無法接觸生命的美妙、神的天國、佛的淨土。

在這樣的情況下，我們應當怎樣做呢？我們以為，只有移除了那些感受或情緒，我們才能重獲自由，美麗的日出才能滲入我們的內心。我們視恐懼、憤怒和擔憂為敵人，正是它們阻礙了我們，讓我們得不到所需的滋養；消除了那些感受，我們就自由了。

然而，正是在這樣的時刻，我們更要堅持正念呼吸。輕輕覺知心中的痛苦，無論那是憤怒、沮喪還是恐懼。當我們感到擔憂焦慮時就可以如此修習：「吸氣，我知道我很緊張。呼氣，我對緊張微笑。」或許你已經習慣了事事擔憂，雖然知道這樣於事無補，還是忍不住擔心。你不想再這樣下去了，你要戒掉這個習慣。你知道，若時時活在憂慮裡，你就無法接觸生命中的美妙事物，無法感受幸福。因此，你氣憤於心中的憂慮，你想擺脫它。然而，憂慮是你的一部分。當憂慮在心中生起時，你要溫柔平靜地去對待它。擁有正念能量，你就可以做得到。修習正念呼吸和正念步行，培養正念能量；以正念能量去覺察，輕輕擁抱你的擔憂、恐懼與憤怒。

如果你的小寶寶不舒服，哭個不停，你不會去懲罰他，因為他就是你。你的恐懼與憤怒就如同你的小寶寶，不要以為你可以把它們拋出窗外。不要粗暴地對待你的憤怒、恐懼和憂慮。我們的修習就只是純粹地覺知這些情緒。持續修習正念呼吸和正念步行，以修習產生的正念能量覺察強烈的感受，對它們微笑，溫柔地擁抱它們。這樣的修習，是以非暴力的方法來處理心中的擔憂、憤怒與恐懼。如果你對自己的憤怒生氣，那只會讓憤怒升級十倍，是非常不明智的。你已經受了很多苦，如果再為心中的憤怒生起怒火，那就會受更多的苦。一個又哭又鬧的小孩子可能令人不太愉快，但是他的媽媽會溫柔地把他抱在懷裡。孩子感受到母親的溫柔，幾分鐘後就會好得多，可能不會再哭鬧了。

正念能量讓我們覺察和擁抱自己心中的悲傷與痛苦。你得到了舒緩，你的孩子也會安靜下來。這時候，你就可以享受美麗的日出，讓自己內在和周圍的美好事物滋養你的身心。

把正念帶在身邊

許多人都有一個習慣，無論去哪裡都要帶著手機，沒有手機就無法生活。出門時忘了帶手機，我們會害怕。如果手機電源不足，我們又要開始擔心。

修習正念時，無論走到哪裡都要把修習帶在身邊，就像隨身攜帶手機一樣。正念不占任何空間，也沒有重量，而且電源永不枯竭。無論我們走到哪裡，都要把修習帶在身邊。

在日常生活中，我們需要靈性修習來幫助我們，讓我們有能力好好地照顧痛苦和恐懼，好好地照顧幸福。如果我們修習正念，那麼當我們感到恐懼害怕時，就會有一個皈依之處。滋養和耕耘正念修習，讓它不斷成長，生機勃勃，強壯有力。無論走到哪裡，我們都要帶著修習。這會讓我們充滿信心，這個信心一定大於手機能帶給我們的信心。如此，我們才能堅強地面對任何困境。

每個人內在都有正念的種子。每個人都能正念呼吸，年輕人也可以。人人都能正念喝茶；人人都能正念走路。安住於正念的能量中，你的話語、你的進食或者你的步行都會充滿正念。正念能量活在你之內。

正念之中，有定的能量，因此在你之內也有定的種子。定的修習能息滅我們心中的恐懼、憤怒和絕望。在日常生活中培養念與定，你要學習如何轉化恐懼和憤怒，如何放下心中的痛苦。伴隨念與定而來的是智慧，智慧即洞察和理解。人人心中都有智慧和理解的種子。覺知，其實就是念、定、慧。

當我看到你在正念、安穩與喜樂中步行時，我看到你神聖的一面。我們甚至可以稱你為「尊貴而聖潔的」。真的，我們每個人都有神聖的品質，因為佛陀就在我們之內。若心中有佛，我們就不會受苦，幸福就成為可能。

八、學習止

當一個念頭生起，你向它問好，然後立即道別。其他念頭生起時也一樣，問好，然後道別。不要和它對抗。別緊張，只是放下。

佛陀教導的禪修方法有兩個部分：止和觀。禪修的第一步是止。自出生以來，和大多數人一樣，你不停地奔走。這是歷代祖先們遺傳下來的一個強大習性，終日奔波忙碌，緊張僵硬，憂心忡忡，你的心因此不能完全、深刻、平安地安住於當下。你習慣於膚淺地看待事物，容易被錯誤觀念與負面情緒沖昏頭腦。你因此犯了很多錯誤，令生命充滿痛苦。

我們的修習是要訓練自己，讓自己**停下來**，不要再追著那些東西到處亂跑。有時候，即便你並沒有感到憤怒、恐懼或絕望，你仍然在為各式各樣的計畫或各種各樣的思考而奔跑，心裡並不安寧平靜。因此，就算沒有遇到任何問題，那麼尤其是在這個時候，你要訓練自己活在當下，放鬆身心，停下，讓自己回到這美妙的一刻。

心靜時，你可以看得更為深入。若能真正地修習止，就無需修習深觀，因為修習止已經能讓你非常深刻地修習觀。止和觀是一體的兩面，是同一實相的兩個方面。當你專注於某些重要的事物時，心會定下來；定下來就是在修止與觀。

停下，接觸那些正面的事物，你會感到清新和清晰，臉上自然會展現笑容。當你得到修習的滋養時，也能以清明、微笑和喜悅去滋養別人。

即便此刻有許多美好的事物，你可能仍得面臨一連串的困境。但是如果你修習深觀，你會看到大概還有百分之八十的東西是正面的，可以讓你去接觸和享受。因此，不要再奔跑了，回來當下這一刻。如此，你能培養定力，能夠更深刻清晰地看待事物。這個訓練非常簡單，卻極之重要。

讓自己安住於此刻的一呼一吸。如果情緒過於強烈，觀呼吸也不足以讓你停下和放鬆時，你可以到外頭走一走。專注於自己的腳步，讓心停下，不要被思維、批判、煩躁、強烈情緒或計畫拉走。回到當下，停下來，然後放鬆。停下，釋放內心的焦慮與緊張。即使心中沒有強烈的情緒，你也要這樣訓練自己。如此，到了需要你去思考、計畫或深觀某些事情的時候，你就能安靜地坐下，深刻地觀察，做出適當的計畫。

如此修習，你會減輕身體的緊張與痛楚，覺知內在的痛苦感受。你會知道如何擁抱它們，釋放情感上的張力，放下心中的憂慮。每當有需要時，你就可以隨時製造出幸福喜悅的感受。

有了好的修習，就不再害怕任何障礙和困難。你會懂得如何處理出現的困境。當修習日漸穩固，就沒理由再感到恐懼，因為你已經看到前面的路。若懂得如何對待你的身體、感受和覺知，就無需再為任何事情擔憂。

不管是站著、坐著還是行禪，你都可以用呼吸來修習止，完全地止於當下。停下，成為自己身心的主人。不要讓習性帶著你身不由己地憂慮過去或未來，擔憂這個或那個計畫。你要訓練自己停下，放鬆，保持平和。禪坐無關爭鬥；你要放下萬慮。

當一個念頭生起，你向它問好，然後立即道別。其他念頭生起時也一樣，問好，然後道別。不要和它對抗，不要對自己說：「真糟糕，我胡思亂想得太多了。」不要這樣想，只需對它說你好和再見。別緊張，只是放下。把心帶回當下，讓它安歇於身體的覺知，就像是把綠豆浸泡在水裡一樣。無需強迫水滲入綠豆，只要把綠豆泡在水裡，讓水慢慢地滲入。綠豆慢慢吸水、膨脹，然後變軟。你也是一樣。放下，身心的緊張會慢慢、慢慢、慢慢地釋放，你會變得越來越輕鬆平和。我們的訓練，是把心帶回當下，讓身心一體。

當你在走路時，往往身體在這裡，心卻在別處。同樣地，我們的訓練是回到當下，身心一體。這是非常深刻的修習，你會以更清晰、更平和的眼光去看待事物。

如果負面的想法浮現，對它打個招呼，覺知它。它可能是來自你的父母或其他影響過你的人。然後你就放下它，對它微笑。這是你的正念之身，即身心合一，心在身之內。我們要訓練自己時時刻刻做到身心一體。坐著時，知道自己坐著，心全然在這個坐著的身體裡；走路時，知道自己在走路，心全然和自己的身體在一起。你要清清楚楚地知道踏在地上的每一步，每一步都要平安、深刻、充滿愛。

禪悅爲食

禪修帶給你即時的快樂，讓你不再被憂慮、煩惱或計畫拉走。回到當下，接觸內在正面的特質，感受禪修帶給你的喜悅，那是依據佛陀的教導而修習得來的喜悅。禪悅為食，它就像是你的日常食糧。如果缺乏這種食糧，這種喜悅，你會像花朵一樣枯萎。當你回到覺知，覺察到此時此刻仍有許多正面積極的條件，你的心會變得非常喜悅，你會對自己微笑，你看起來清新而又充滿活力。因此，不要剝奪自己享用這個禪悅的機會，禪悅為食。

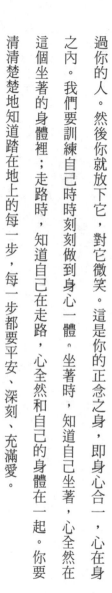

身心一體

精神放鬆的時候，身體也會跟著放鬆，因為身心本是同一實相的兩面。心過於緊張，心中有太多煩惱，身體也會日復一日地受其影響。當然，身體也需要做些運動來促進循環，這樣緊張和壓力才不會積聚。

通過坐禪或行禪，修習止讓我們牢牢地把握自己。你是身心的主人，不要讓憤怒、恐懼、焦慮把你拉走。當你被它們拉著走時，你就像是被廢黜的國王或王后。我們的修習是重建主權。通過正念安坐和正念步行，我們重建身心的主權。

當心回到當下，你就能夠深觀是什麼帶給你痛苦，又是什麼帶給你幸福。有了定與慧，你便能夠更清晰地思考、行動和說話。

我們都知道人生無常，在日常生活中卻又一廂情願地以為人是永恆不變的。如果能夠對此有所覺察，我們就能更加珍惜和理解身邊的人。他們也許在不久的將來就要離去。有了這樣的覺察，我們就更能夠理解為什麼我們也需要對自己的苦痛承擔一部分的責任。不要一味地埋怨別人，而是要深觀自己，了解和改進自己的不善巧之處，我們和其他人之間的問題可能正是由這些不善巧所造成的。

九、風暴中的平靜

情緒就只是情緒。它來，停留一段時間，然後離去。為什麼我們僅僅因為某個情緒就要傷害自己或他人呢？我們遠遠不只是自己的情緒。

每當恐懼、憤怒或妒忌這樣的強烈情緒生起時，我們要去照顧這些負面能量，否則它們就會將我們給摧毀。無需以一種能量去對抗另一種能量，我們唯一需要做的是去照顧它們，轉化它們。對待我們的苦惱、痛苦和恐懼，要抱持一種非暴力的態度。

當強烈的情緒如恐懼或絕望生起時，我們可能會不知所措。但是通過修習，我們可以學習如何擁抱心中的恐懼情緒，因為我們知道，每個人心中都有正念的種子。每天通過行禪、坐禪、呼吸、微笑和正念進食來接觸這顆正念種子，正念的能量就會不斷增長。而當我們需要正念能量時，只要碰觸那顆種子，正念能量就會產生，我們就可以用它去擁抱內心的強烈情緒。如此成功地修習一次，當強烈情緒再次生起時，我們就會有多一點的平安，少一點的害怕。

恐懼到訪

假設你的心識深處藏著極大的痛苦、悲傷或恐懼。事實上，我們許多人的心裡都藏著令我們無法直視的巨大痛苦。而為了不讓這些不受歡迎的客人來訪，我們把自己弄得異常忙碌。我們讓自己忙於招呼其他的「客人」——看書、看雜誌、看電視或聽音樂，總之我們想盡一切方法就是要讓自己無暇他顧。這其實是我們在自我壓抑。

許多人都有這種封閉式的反應，不願意把門打開讓恐懼、悲傷、沮喪進來。我們用盡各種方法占據自己全部的注意力。外頭總是有許多東西讓我們分心，讓我們無暇顧及自己的內在感受。娛樂方式也有很多，尤其是看電視。有時候，看電視就好像是吸食毒品。當內心的痛苦難以忍受時，我們就打開電視機，藉此忘記心中的苦痛。電視的影像和聲音會充滿我們的客廳，即使節目不好看，我們也沒有勇氣關掉它。為什麼呢？因為就算它一點也不好看，甚至令人厭煩，也比回到自己的家，觸摸內心的痛苦好。分散注意力是我們許多人慣用的伎倆。有些人選擇生活在無電視區裡，就像我們有禁菸區和非飲酒區一樣。不過還是有許多人喜歡以看電視或玩電子遊戲的方法來掩蓋心中的煩憂。

我認識一個家庭，他們家每天晚上都要看電視。有一天，他們在跳蚤市場裡看到一尊佛像，就把它買了回來。但是他們的房子有點小，沒有地方可以安放佛像，於是他們就決定把佛像放在電視機上，因為那裡比較乾淨，而且佛像擺在那也比較好看。不久之後，正好我去拜訪他們，我看到擺設後就對他們說：「朋友啊，佛像和電視機可不能放在一起，它們是南轅北轍的兩種東西。佛陀讓我們回到自己內在的家園，而電視卻讓我們逃離自己。」

腹式呼吸

有幾個簡單的方法可以幫助我們照顧強烈的情緒，其中之一就是腹式呼吸。面對恐懼或憤怒這些強烈的情緒時，我們的修習是把注意力向下帶到腹部。停留在頭腦的位置是很不安全的。強烈的情緒就像是一場風暴，站在風暴的中央是非常危險的。但是我們許多人在心煩意亂的時候正是這樣做的，任憑自己停留在情緒風暴的中心，任由情緒風暴將我們吹倒。不要這樣做，我們應該把注意力往下帶，讓自己穩定下來，將注意力集中於腹部，然後修習正念呼吸，完全專注於腹部的一起一伏。

安全度過風暴

當你觀察風暴中的一棵樹時，你看到它的樹枝和樹葉在強風中劇烈搖擺，你以為這棵樹一定會被大風吹倒。而當你被強烈的情緒控制時，你就像那棵樹一樣，非常無助，隨時可能折斷。不過如果你觀察它的樹幹，情況就會非常不一樣。你看到那棵樹深深地扎根於土壤裡。將注意力集中於樹幹，你會明白，由於樹穩穩地扎根於大地，它是不會被吹走的。

我們每個人，不管是坐著或站著，都要像那棵樹一樣。當情緒風暴來臨時，不要停留在風暴最強烈的位置，即我們的頭部和胸部。當我們被強烈的情緒壓倒時，不要停留在那裡，那是非常危險的。將你的注意力帶到腹部，修習正念呼吸，覺察腹部的一起一伏。腹部好比樹幹，是我們身體最穩固的部分。將身體保持在一個穩定的姿勢；你也可以坐下來，這時你的感覺會更加清晰。只是呼吸，不要去想任何事情。通過腹部的一起一伏來呼吸，如此修習十到十五分鐘，強烈情緒會悄然掠過。

情緒就只是情緒

禪修有兩個部分：首先是止，安靜下來；然後是觀，深刻觀照以帶來轉化。如果你有足夠的正念，無論何種情緒生起，你都能夠通過靜觀發現它的本性，情緒就得以轉化。

誠然，情緒深植於我們之內，它們是如此強烈，以至於我們以為當情緒生起時，我們根本無從抵擋。於是我們拒絕它，壓抑它，直到有一天情緒爆發，傷害我們自己也傷害他人。但是情緒就只是情緒。它來，停留一段時間，然後離去。為什麼我們僅僅因為某個情緒就要傷害自己或他人呢？我們遠遠不只是自己的情緒。

懂得如何修習深觀，就能認知和根除痛苦情緒的根源。僅僅只是擁抱情緒的修習，就已經能夠帶來極大的幫助。在情緒生起的關鍵時刻，如果我們知道如何以及去哪裡尋求皈依，如果我們懂得吸氣呼氣並專注於腹部的起伏十五分鐘、二十分鐘，甚至二十五分鐘，那麼風暴就會過去，我們知道自己已然安全度過這個危機。成功地度過情緒風暴後，我們的心會更加安穩平靜。一旦掌握了這個修習方法，我們就不會再感到恐懼。即使情緒風暴再次來襲，也沒有什麼可怕的，因為我們已經知道自己可以安然度過。

如果我們懂得在強烈情緒來臨時放鬆自己，就不會把恐懼傳遞給孩子們和下一代。相反地，如果緊緊抓住恐懼不放，拚命壓抑它，那麼當它最後爆發時，就會被傳遞給我們身邊的年輕人，他們吸收了我們的恐懼，又會繼續把它散播出去。如果我們懂得如何處理自己的恐懼，就能夠幫助我們所愛的人和孩子去處理他們的恐懼。我們可以和他們在一起，對他們說：「親愛的，跟我一起呼吸，注意腹部的起伏。」因為他們已經看到你是如此做的，就更有可能聽從你的指導。你要和他們在一起，讓你的孩子和伴侶感受到你的正念能量和安穩，這樣他們也能安然度過這個情緒漩渦。有了心愛的人在身邊，他們會相信自己也能像你一樣，安然度過危機。你要為年輕人做出榜樣，面對恐懼時保持平和。你要教導他們如何處理自己的情緒風暴，這是一個非常珍貴的方法，可能會在將來挽救他們的生命。

十、轉化周遭的恐懼

拔出心中那把憤怒和不信任的利刃後，你的心會成為一座橋樑。若能去除執著、貪愛和恐懼，你會看到彼岸，解脫的彼岸。

許多人花了很多時間發洩自己過去或現在的恐懼，而在這麼做的同時，我們又彼此影響，甚至影響到了整個社會。我們造就了一種恐懼的文化。當恐懼來臨時，我們心煩意亂、憂心忡忡。這時候，我們首先要做的應該是承認恐懼，覺察恐懼並擁抱恐懼，而不是盲目地把它發洩出去。在我們周圍，人人都心懷恐懼，每個人都在發洩恐懼。生活在如此多的恐懼之中，我們嚮往著平安和安全。

有時我們嘲笑別人的恐懼，是因為他們喚起了我們自己心中的恐懼。我們以往接受的教導讓我們選擇漠視恐懼，不去承認它。但是心中的恐懼以及它所帶來的憤怒和暴力，如何能夠真的放下呢？我們要細心聆聽和學習佛陀所教導的修習方法，佛陀當年也是用這個方法放下了他心中的恐懼和暴力。正念處理恐懼，深觀它的根源，你會找到答案。

對恐怖主義的恐懼

如今我們搭乘飛機時，每個人都成了嫌疑犯。我們害怕恐怖分子，覺得人人都可疑，人人都可能帶著爆裂物或者炸彈，每個人都要經過身體掃描儀器的檢查。我們懷疑身邊所有人和所有一切。即使你像我一樣身穿僧袍，也得經過掃描儀器或者人工檢查，因為這個恐懼已是如此普遍了。在我們之前的人造就了這種恐懼的氛圍，而現在這種氛圍則變得越來越嚴重。我們不懂得如何處理自己的痛苦，也很少有人知道該如何放下恐懼。

我們想要報仇，想要懲罰那些令我們痛苦的人，我們以為這樣就能減輕自己的痛苦。以暴制暴，懲罰他們。恐怖主義分子把爆裂物帶到巴士或飛機上，他們要把所有人都炸死。他們的苦痛讓他們萌生了懲罰世人的念頭。他們不懂得如何處理自己的痛苦，所以就透過懲罰別人來發洩這個痛苦。

佛陀說：「深觀那些不快樂者的內心，我看到，在他們的內心痛苦之下，隱藏了一把利刃。他們看不到心中的這把利刃，因而無法處理那些苦痛。」

你的恐懼藏在心底深處，就像是被層層掩蓋著的一把利刃。這把利刃讓你做出不友善的行為。你看不到自己心中的那把刀或那支箭，但是因為它，你已經讓身邊的許多人受苦。你可以學習去辨認它。當你找到它時，就可以把它從心裡拔除。你還可以去幫助其他人，找到並拔掉他們心中的那把利刃。那把刀插在你的心裡已經很久了，造成了很多痛苦。如果你繼續抓著它不放，痛苦就會不斷加劇。當痛到一定的程度時，你就會想去懲罰那些你認為帶給你痛苦的人。

慈悲起革命

我們心中都有原始恐懼，這不單單是個人層面的恐懼。在許多國家和地區，恐懼、苦痛和仇恨熊熊燃燒。如果只是要減輕自己的苦痛，我們需要回到自己，了解心中為何有如此多的暴力和恐懼。然而，恐怖主義分子的仇恨為何又是如此之深呢？為了給別人製造痛苦，他們甚至不惜犧牲自己的性命。我們看到他們巨大的仇恨，但是這仇恨又是什麼原因造成的呢？這是因為他們覺得不公平。誠然，我們要盡一切努力制止暴力，甚至要將對立雙方隔離開來，因為對彼此而言他們都太過危險了。但是我們也要問自己一個問題：「對於這個世上的不公義，我們要承擔什麼責任？」

誰都不喜歡害怕的感覺。如果我們抓住恐懼不放，恐懼往往就會變成憤怒。我們氣憤於自己的恐懼，那些讓我們恐懼和害怕的人或物會成為我們憤怒的對象。有些人窮其一生，只想著去報復那些令他們痛苦的人事物，這樣的動機只會給他們自己和別人帶來痛苦。

仇恨、憤怒、恐懼就像是燃燒的火焰，只有慈悲之水才能熄滅它。可是我們要到哪裡找慈悲呢？超市裡也買不到；如果慈悲可以出售的話，我們只需把它買回家，就可以輕鬆解決這世上所有的仇恨和暴力了。然而，慈悲只能由我們的心，由我們的修習而生。

有時我們心愛的人、我們的孩子、伴侶或父母對我們說了些話或做了些事，傷了我們的心。不要以為只有我們在受苦，實際上對方也在痛苦。如果他心中沒有苦痛，就不會那樣說或那樣做來傷害我們了。我們所愛的人未能找到轉化痛苦的方法，因而將他們心中所有的恐懼和憤怒都發洩在我們身上。我們的責任是製造慈悲的能量，先平靜自己的心，然後再去幫助對方。如果我們去懲罰對方，只會讓他受更多的苦，那麼這個痛苦的循環就會繼續下去。

以暴制暴只會帶來更多的暴力、更多的不公義、更多的痛苦——不單是對我們要懲罰的對象如此，對我們自己也是如此。人人心中都有這個智慧，都能明白這個道理。當我們深呼吸時，會觸碰到內在這個智慧的種子。我知道，如果所有人心中的智慧和慈悲能量能夠得到滋養，哪怕只有一個星期的時間，世上的恐懼、憤怒和仇恨就會減少。我勸勉大家都來做平靜心念和集中心意的修習，灌溉心中已有的智慧和慈悲的種子，學習正念攝取之道。如此一來，我們才能締造一個真正的和平革命，這是能夠幫助我們走出困境的唯一革命。

恐怖主義的種子

恐怖主義分子比比皆是，他們不僅僅是那些炸毀巴士和市集的人。當我們生氣時，當我們的行為充滿憤怒和暴力時，我們和那些受我們譴責的恐怖分子又有什麼不同？我們的心中都插著那把憤怒的利刃。如果說話時缺乏正念，我們的言語就會傷人，就會造成很多痛苦。這也是一種恐嚇，一種恐怖主義。許多人使用傷害性的言語對待孩子，這把傷人的刀可能一輩子都要插在那個孩子的心裡，日日夜夜糾纏著他。在這個地球上，在我們的社會裡，在我們的家庭中，每一天我們都在製造更多心懷利刃的人。他們的心中插著那把刀，因而他們的痛苦和憤怒會淹沒他們的家庭、這個社會和整個世界。

慈悲傾聽

我們很多的苦痛都源自錯誤的感知。要去除傷痛，就得先移除那些錯誤的想法。「我看到他做了這個或那個，但是也許事實並不一定如此，還有很多事情是我不知道的。我要好好地聆聽，深入地了解。」我們認為自己的痛苦是由這些人造成的，而這些人可能對我們也抱有同樣錯誤的想法。當你用心聆聽對方時，你的理解會加深，你的傷痛也會減輕。

在這種情況下，我們要做的第一步是在心中承認，我們腦海中的畫面，我們以為已經發生的事情，可能並不真確。修習正念呼吸和正念步行，直至我們能夠放鬆和平靜下來。

第二步，當我們準備好時，可以去找到那個我們認定的加害者，告訴他我們正在受苦，我們知道這個苦可能來自我們自己的錯誤想法。這不是去指責他，而是要尋求他的幫助，請他為我們解釋一下，幫助我們了解為何他會那樣做或那樣說。

如果可以的話，我們還需要做第三件事：這是非常難的，也許是最困難的一步：為了真正了解情況和糾正自己的錯誤想法，我們要仔細聆聽對方的回答。這麼做，我們可能會發現，自己是錯誤認知的受害者，而對方很有可能也是錯誤認知的受害者。

諦聽（deep listening）和愛語（loving speech）是非常有力的修習。這個修習可以幫助我們建立起良好的溝通，並且了解正在發生的情況。抱持真誠的態度去了解事情的真相，使用溫和的言語和仔細傾聽，我們會有更多的機會聽到他人的真實想法及感受。在這個過程中，或許我們會發現，他們心中也有一些錯誤的看法。充分地傾聽他們的想法以後，我們會有機會幫助他們糾正錯誤的看法。用這樣的方法處理心中的傷痛，我們會有機會轉化恐懼和憤怒，建立起更深刻、更真誠的關係。

心是橋樑

拔出心中那把憤怒和不信任的利刃後，你的心會成為一座橋樑。若能去除執著、貪愛和恐懼，你會看到彼岸，解脫的彼岸。我們要以慈悲為懷。當仇恨和憤怒肆意蔓延時，所有問題都無法得到解決。仇恨和憤怒不能消除暴力；只有悲憫和慈愛才能驅除暴力和恐懼。

首先，你要說：「親愛的朋友，在我心中有一把利刃，我想把它拔出來。」你要告訴對方，你想傾聽他的想法。如果他同意了，願意和你分享，那麼你要做好準備，修習慈悲傾聽。以所有的念與定去傾聽。你唯一的目的就是給他一個暢所欲言的機會。慈悲地傾聽，深刻地傾聽。無論是個人還是國家，我們都要給予他們一個充分表達自己的機會。他們之前從未有過這種機會，或者從未有過這種勇氣，這是因為他們從未有過一個真正的聽眾。

剛開始時，他們的言語可能充滿指責、苦澀和埋怨。盡你最大的努力保持安坐，繼續聆聽。如此聆聽就是給予他們一個治癒苦痛和糾正錯誤觀念的機會。如果你打斷、否定或糾正他們，那麼這個重建溝通與和解的過程就會中斷。諦聽，給對方一個發言的機會，即使他說的不對或者不公平。通過諦聽，你不但能了解對方的錯誤想法，也能覺知你對自己和他人的錯誤認知。當你們都平靜下來時，對方會對你更有信心和信任，這時你可以慢慢地、善巧地去糾正他的一些錯誤想法。使用愛語，向對方指出他對你或對情況的錯誤理解。使用愛語，幫助對方了解你的困難。你們可以互相幫助，放下各自的錯誤認知，正是這些誤解導致了所有的憤怒、仇恨和暴力。

重建溝通

修習諦聽和愛語的目的是重建溝通。當溝通恢復時，一切皆有可能，包括和平與和解。我曾見過許多夫婦，通過修習諦聽和愛語，成功修復了困難或破裂的關係。這個修習已經讓許多父子、母女和夫妻重歸於好，重新建立起家庭的和諧和幸福。通過修習深刻慈悲的諦聽和愛語，他們取得了和解。國家領袖之間也可以通過慈悲聆聽和使用愛語來達成和解。

我們都知道，關係處理不好時，我們並不是唯一因此而受苦的人。這個關係中的另一方也在痛苦，而且我們也要為他的痛苦承擔部分責任。有了如此的覺察，我們就能以慈悲的眼光去看對方，讓理解在我們心中升起。有了理解，關係就能改善，溝通會成為可能。

任何真正的和平方案都應由我們自己、我們的團體和我們的人民開始。不要一味地埋怨另一方不去修習和平。我們必須由自己開始修習和平，然後才能有機會和對方一起締造和平。

十一、雲上的藍天

通過修習諦聽和友善溝通，才能幫助這個世界移除那些錯誤的想法，它們是恐懼、仇恨和暴力的基礎，而我們無法用槍械來消滅它們。

我們的社會裡有許多的恐懼、痛苦、暴力、絕望和混亂，但是在同一時間，我們也擁有美麗的藍天。有時藍天會全然呈現在我們眼前，有時它只露出一半，有時又只有一抹蔚藍，有時則完全看不見。風暴和雲霧把藍天給遮住了。天國也可能被無明的雲霧或狂怒、暴力、恐懼的暴風雨給掩蓋起來。修習正念，我們會覺察到，即使是在霧氣濛濛、烏雲密布或狂風暴雨的日子裡，藍天也一直存在，就在那茫茫雲海之上。記住這一點，我們就不會陷入絕望。

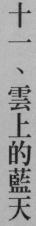

施洗約翰（John the Baptist）在猶太的曠野傳道時，他勸導眾人懺悔，因為「天國近了，你們應當悔改」。我將「悔改」理解為「止」。施洗約翰希望我們停止那些暴力、貪婪和仇恨的行為。悔改，意即覺醒，即覺察藍天的存在，它只是被恐懼、憤怒和貪婪給遮住了。

悔改的意思是重新開始。我們要承認自己的過失，讓自己沐浴在靈性教導的淨水裡，實踐愛人如己的教誨。我們承諾放下心中的怨懟、仇恨和傲慢，以清新的心重新開始，以清新的心立志做得更好。耶穌接受約翰的洗禮後也有同樣的教誨，這與佛陀的教導完全吻合。

如果我們知道如何轉化心中的絕望、暴力和恐懼，浩瀚的藍天就會再次展現在我們和世人的眼前。我們要尋找的一切都可以在當下找到，包括淨土、天國和佛性。在這一刻，我們的雙眼、雙腳、雙臂，以及我們的心，都可以接觸到天國和淨土。當你的心專注平靜，身心一體時，只需邁上一步就可以踏入淨土，到達天國。當你擁有正念，自由自在時，你所接觸到的一切都是來自天國和淨土，無論那是一片橡樹葉子或是一片飄雪；你所聽到的一切都是來自天國和淨土，無論那是鳥兒的歌聲或是微風的吹拂聲。

接觸天國和淨土的基本條件是：心中無有恐懼、絕望、憤怒和貪婪。修習正念讓我們覺察雲霧和風暴的存在，同時也幫助我們覺知雲霧背後的藍天。如果我們有足夠的智慧、勇氣和安穩，就可以讓藍天再次出現在我們眼前。

有人問我：「如果要讓天國顯現，我可以做些什麼呢？」這是個非常實際的問題。這個問題就等於在問：「為了減少社區和社會中充斥的暴力和恐懼，我可以做些什麼呢？」這是我們許多人都問過的一個問題。

當你邁出平安、穩固、自在的一步時，那便是在驅散天空中的絕望烏雲。當幾百個人一起正念步行時，會產生平安、堅實、自在和喜悅的能量，那就是在幫助我們的社會。當我們懂得以慈悲的眼睛去看待他人，以理解的精神對他人微笑時，那就是在幫助天國顯現。當我們正念呼吸時，那就是在幫助淨土顯現。在日常生活中，每時每刻我們都可以做一些事來幫助天國顯現。不要讓絕望將你推倒，要善用生活中的每分每秒。

當大家一起修習，浸浴在正念和慈悲的能量中時，我們會有很大的力量。作為靈修團體的一分子，我們會有莫大的喜悅，會更有能力抵擋絕望的侵襲。當前這個世紀的絕望感非常強烈，若只靠我們自己，我們會感到脆弱和恐懼，就好像是孤單單的一滴水，無論多麼努力流向大海，在未到達時就已經被蒸發了。但是如果我們匯聚成一條河流，作為一個整體一起前進，那麼我們就一定能夠到達大海。有團體和我們走在一起，支持我們，時時刻刻提醒我們藍天就在這裡，我們永遠不會失去信心，心中的恐懼也會自然消散。無論是政治領袖、商業主管、社會工作者、老師、家長，我們都需要有一個團體來提醒我們，藍天就在這裡，一直與我們同在。我們需要有一個共修團，一個僧團，避免自己陷入絕望的沼澤。

團體好比我們的身體

建設團體是這個世紀最重要的行動。就個人層面而言，我們都經歷過極大的痛苦。因為個人主義的盛行，家庭分崩離析，社會也變得極其分化。如果要讓二十一世紀成為一個回歸靈性的時代，我們必須以團結的精神來指導我們的行動。我們要學習與人合作，分享彼此的想法及心中最深的願望。我們要學會把僧團，把我們的靈修團體，看作自己的身體。我們需要彼此的支持，才能得到穩定、自在和慈悲的修習，才能互相提醒，讓自己心中常懷希望。

當我們與共修團一起修習正念，一起坐禪時，正念的力量會非常強大。在生活中，人們會生產食物、物品、科技及許多其他東西；在共修團裡，我們也在從事生產製造。我們製造的是強大的和平能量和正念能量。人們到超級市場購買食物或燈泡；但是如果是正念能量，我們需要和共修團一起，和僧團一起，通過坐禪、行禪和安樂生活來製造這種能量。

我們要修習和訓練自己。我邀請你對正念修習做深刻的思考，你會看到，這是一種多麼美妙的方法，它能為你和你的團體提供精神食糧。你可以用這個能量，這種食糧，去滋養整個世界。當你看到這一點時，你會感到非常喜悅，因為你和所有的生命以一種真實的方式連結在一起，你在服務眾生。

溝通帶來安全

如果你想要安全，就要自己去建設它。用什麼來建設安全呢？堡壘、炸彈、飛機都無法去除我們心中的恐懼，實際上它們反而會令恐懼加深。美國擁有強大的軍事力量和世界上最先進的武器，但是美國人還是感到不安全。他們有很大的恐懼感，覺得自己脆弱而不安全。因此，真正帶給我們安全的一定是別的什麼東西，那才是我們真正的皈依處。我們要學習以呼吸來建設安全。要學習的東西很多，我們的行走、我們的行為和反應方式、我們致力於搭建溝通的言語和行動，這些都需要我們去學習，這些都可以幫助我們建設安全。

如果你和身邊的人沒有良好的溝通，你會感到不安全。如果他們看著你的時候既不友善也不慈悲，你會感到不安全。當你平靜祥和地走向另一個人時，你的說話、行走和安坐方式都會告訴他，和你在一起他是安全的。你們可以培養對彼此的信心。當你的平安和慈悲讓他感到安全時，他就能以慈悲和理解與你共處，因而你也會感到更安全。安全，不是一個人的事。讓別人感到安全，是自身安全的最佳保證。

如果你的國家沒有採取任何措施讓別的國家感到安全放心的話，那麼你的國家也無法得到安全。如果美國想要得到安全，就必須考慮其他國家的安全。如果英國想要得到安全，就必須想到其他民族的安全。誰都有可能成為暴力和恐怖主義的受害者，沒有任何國家能夠免疫。警察、軍隊、甚至強大的武力都無法真正保證我們的安全，這一點已經很清楚了。也許我們要做的第一件事，就是說出這句話：「親愛的朋友，我知道你想生活在安全裡，我也是，為什麼我們不一起合作呢？」這是多麼簡單的一件事，偏偏我們誰都不去做。

溝通即是修習。我們生活的這個時代有許多高科技的溝通工具，電郵、行動電話、短訊、Twitter，還有Facebook。然而，個人、團體和國家之間的相互溝通卻變得非常困難。我們好像失去了用語言來對話的能力，所以最後只能選擇炸彈。如果已經到了無法用言語溝通而必須使用槍械的地步，那就表示我們已經向絕望屈服了。

我們要學習溝通之道。如果我們向爭執中的另一方表明，他們根本不用擔心害怕，那麼雙方就可以開始建立彼此的信任。在亞洲國家，人們經常以雙手合十來互相問好。而在西方，人們見面時會握手；我聽說這個習俗是來自於中世紀，因為那時候人與人之間總是互相提防，所以每次見面的時候，他們會藉由握手向對方表示自己沒有攜帶武器。

現在我們需要採取同樣的做法，用我們的行動來說明：「親愛的朋友，你看，我沒有攜帶武器。你可以自己摸一下，我對你沒有威脅。」這個修習能幫助我們建立信心。有了信心和溝通，對話就會成為可能。

自從所謂的反恐戰爭開始以來，我們已經花費了數十億美元，卻只製造出更多的暴力、仇恨和恐懼。我們未能成功地消除恐懼、仇恨和憤怒，無論是它們的外在表現形式，例如恐怖主義，還是埋藏在人們內心的負面情緒，而這一點其實更為重要。現在是反思的時候了，我們需要找到一種更有效的方法，讓自己和世界重獲和平。唯有通過修習諦聽和友善溝通，我們才能幫助這個世界移除那些錯誤的想法，它們是恐懼、仇恨和暴力的基礎，而我們無法用槍械來消滅它們。

十二、轉化恐懼爲愛——四句眞言

這四句真言能讓我們止息恐懼、疑慮和孤獨。真言既不複雜，也不難理解。用心記住這幾句真言，以勇氣、智慧和喜悅去修習這幾句真言。

我們心中有強大的、慣性的恐懼。我們對很多事情都感到害怕——自己的死亡、愛人的離去、生活的改變，還有孤獨。正念修習能讓我們接觸到無懼。唯有在此時此地，我們才能體驗到完全的幸福，完全的解脫。

悲傷、恐懼和沮喪就好像是一種垃圾，而這些垃圾是真實生命的一部分，因此我們需要深觀它們的本性。我們可以通過修習將這些垃圾轉化為花朵。不必丟棄任何東西，我們只需要學習堆製肥料的方法，以及將垃圾轉化為花朵的方法。在佛教的修習裡，我們把悲憫、慈愛、恐懼、悲傷、絕望等等心理現象視為一種有機體。無需害怕它們之中的任何一個，因為我們可以隨時轉化這些心念。只要一個微笑和正念的呼吸，我們的心態就會開始轉化。感到恐懼、憤怒和沮喪的時侯，我們可以覺察它們的存在，修習下面的真言。

真言就像是一個有法力的咒語，一旦使用就會帶來完全的轉化。真言可以改變我們自己，也可以改變其他人。在使用這個有法力的咒語時，我們一定要保持完全的專注和身心合一；在這樣的狀態下，你所說的話將會成為真言。我教給你的這幾句真言可以支持你的修習，真正回歸為自己與摯愛而在的修習、釋放恐懼的修習、培養真愛的修習，以及重建溝通的修習。這幾句真言非常有效，可以幫助你灌溉自己心中和愛人心中的幸福種子，轉化恐懼、痛苦和孤獨。

眞言：我爲你而在

對於你所愛的人而言，你能送給他的最珍貴的禮物，就是你的存在。所以，第一句真言非常簡單：「親愛的，我為你而在。」

在日常生活中，大多數的人都沒有什麼時間去培養心中的愛。我們很忙，連吃早餐的時候也沒有時間看自己所愛的人一眼。我們吃得很快，心裡又想著其他的事情。有時候，我們手裡拿著的報紙甚至擋住了愛人的臉龐。晚上回家的時候，我們又太累了，沒有精力去關注所愛的人。

你送給愛人最美麗的禮物就是你的存在。如果你根本不在，又怎麼能愛他呢？回到自己，望著他的雙眼，你對他說：「親愛的，你知道嗎？我為你而在。」把你的存在送給他，不要被過去或未來給拉走，真正地為心愛的人而在。身心合一說出這句真言，然後你會看到轉化。

眞言：覺知愛人的存在

第二句真言：「親愛的，我知道你在，我很快樂。」

為他而在是第一步，覺知對方的存在則是第二步。因為你完全在那裡，所以你能覺察他的存在是多麼珍貴。以正念擁抱你的愛人，他會像花兒一樣綻放。去愛，首先是覺察他的存在。

就算所愛的人不在你的面前，修習第一句和第二句真言也能給你帶來即時的幸福。你可以用電話或電子郵件對他說：「親愛的，我知道你在，這讓我非常快樂。」這是真正的禪修。這個禪修裡包含了佛陀所說的慈、悲、喜、捨這四個真愛的元素。

眞言：止息痛苦

當你所愛的人正經歷痛苦時，你可以修習第三句真言：「親愛的，我知道你在痛苦，因此我為你而在。」

即使你什麼都還沒有做，只要你全心全意地為他而在，就已能令他釋懷，因為在痛苦的時候我們會特別需要心愛的人陪在我們身邊。如果我們感到痛苦而又得不到愛人的關心和照顧，痛苦就會加深。因此，現在你就要讓他知道，你真正地為他而在。用你所有的正念說出這句真言：「親愛的，我知道你在痛苦，因此我為你而在。」如此，你愛的人就會感覺好得多。

你的存在是奇蹟；你對他的痛苦的理解也是奇蹟。這是你能即時為他獻上的愛。我們要真正地為自己、為生命、為所愛的人而在。那些和你一起生活的人，你要覺察他們的存在；當有人經歷痛苦時，你要為他而在，因為你的存在對他來說是非常珍貴的。

真言：請求幫助

第四句真言有點讓人難以啟齒：「親愛的，我在痛苦，請你幫助我。」當你感到痛苦時，如果你認為你的痛苦是你所愛的人造成的，那麼你可以修習上述這句真言。要是別人這樣對待你，你不會那麼痛苦，但是因為這個人是你最心愛的人，所以你的痛苦就會很深。這時你最不願意做的就是請求他的幫助。你情願回到自己的房間，把門鎖上，一個人偷偷哭泣。你的傲慢阻礙了你們的和解和療癒。根據佛陀的教導，真愛之中是沒有驕傲的位置。

當你如此痛苦時，你要找到你愛的那個人，尋求他的幫助。這才是真愛。不要讓驕傲把你們分開。你必須克服自己心中的傲慢，主動尋求他的和解。這才是這句真言的真實含義。首先是你自己的修習，讓自己身心合一，身心一體。然後你去找到他，對他說出第四句真言：「親愛的，我在痛苦，請你幫助我。」道理非常簡單，但是很難做到。

從自己開始

這四句真言能讓我們止息恐懼、疑慮和孤獨。真言既不複雜，也不難理解，你無須以英文或梵文來唸誦，用中文就好。用心記住這幾句真言，以勇氣、智慧和喜悅去修習這幾句真言。正念修習和禪修都包含了回到自己，重建平安和諧的內在。幫助我們做到這一點的是正念能量。正念之中，有定和慧，有理解和愛。如果我們能夠回到自己，重建平安和諧，就能更好地去幫助關係中的另一方，重建彼此的溝通。

照顧自己，重建心中的平和，這是幫助別人的基本條件。你可以幫助他們停止傷害自己和其他人。一旦你知道如何拆除自己心中的炸彈，你就會知道如何幫助你的朋友們拆除他們心中的炸彈。要幫助別人，首先需要在自己的心中生起一點點平安、一點點喜樂和一點點慈悲，而這些都可以通過每天的正念修習得到。正念修習並不只是發生在禪室裡。在廚房或花園裡，或者是在講電話、開車、洗碗的時候，都可以做正念修習。每天都要接觸自己內在和周圍美麗的滋養元素。所有的日常活動都可以讓我們去做這個修習。

十三、恐懼的另一面

如果沒有人願意聆聽或了解我們，我們會像炸彈一樣隨時爆炸。慈悲傾聽具有治癒傷痛的能力。有時候，只是十分鐘的傾聽就能帶來轉化。

一九六六年越戰期間，我曾經和馬丁．路德．金恩博士見過一次面。我們討論了很多事情，其中一個就是建設團體的重要性。在佛教中，我們稱之為共修團。金恩博士知道，團體的建設極為重要。他知道，如果沒有團體，就難以有所作為。當我們感到恐懼或絕望時，牢固的手足情誼會賦予我們力量，幫助我們維持心中的慈愛與悲憫。手足之情可以治癒我們，轉化我們的生命。金恩博士花了很多時間建立了一個團體，他稱之為「愛之團體」。

我們的愛之團體，即我們的共修團，是指一起修習，培養念、定、慧的一群人。團體中的每個人都能感受到修習帶來的集體能量，以及這個能量對我們的支持和擁抱。我們常常會以孤單和隔離來餵養心中的恐懼，令恐懼不斷加深。而在共修團中，有些成員的修習比較穩固，他們會和我們一起坐下來，以他們的正念能量來支持我們。我們可以請求他們的幫助：「我的兄弟姊妹，我需要你的陪伴。我心中有巨大的苦痛，我無法單獨擁抱這個苦痛。請幫助我。」我們可以一起修習正念呼吸，以彼此的正念能量去覺知、擁抱和轉化心中的苦痛。我們知道自己是共修團之河的成員，不再是孤孤單單的一滴水，我們一定可以到達大海。

如果在一個團體中你能感覺到療癒和平安，那麼這就是一個真正的共修團。有了共修團的支持，修習會變得更加容易，生命也會變得更加輕鬆。你的家人和朋友都可以是你的共修團。只要能為你提供支持，任何團體都可以是你的共修團。建設共修團，即意謂著建設你的安全、你的支持和你的幸福。

諦聽和愛語

如果溝通中斷，我們就會受苦。如果沒有人願意聆聽或了解我們，我們會像炸彈一樣隨時爆炸。慈悲傾聽具有治癒傷痛的能力。有時候，只是十分鐘的傾聽就能帶來轉化，令我們的笑容重現。

我們之中的許多人已經失去了在家庭中使用慈悲傾聽和愛語的能力。可能所有人都已經失去了這個能力。因此，即使是和家人在一起，我們也會感到孤獨。我們去找心理治療師，希望他能好好地聽我們傾訴。然而，許多治療師的心中也有極大的苦痛。有時候，他們也是有心無力，無法做到真正的諦聽。因此，如果我們真的愛著某人，就要訓練自己諦聽的能力。

我們也要訓練自己說愛的語言。我們已經失去了心平氣和說話的能力。我們很容易發怒，每次開口說話總是尖酸刻薄，充滿苦澀。我們失去了使用愛語的能力，而少了這個能力，我們就無法成功地重建和諧、愛與幸福。

佛教裡提到的菩薩都充滿了慈悲和智慧，他們非常偉大，決意留在世間幫助眾生拔除苦難。觀世音菩薩具有慈悲傾聽的能力，能真正用心聽到和理解世間受苦的聲音。

你也要修習正念呼吸，讓慈悲常駐心中。聆聽時，不要給予他人建議或表達你的判斷。你可以在心裡對自己說：「我在聆聽，因為我想幫助他止息苦痛。」這是**慈悲的聆聽**。在整個過程中，你都要如此聆聽，這樣你的心才能懷有慈悲，這才是聆聽之道。如果聽到一半，怒氣已在心中生起，那麼你就無法繼續諦聽下去了。當憤怒的能量生起時，你要修習正念呼吸，保持心中的慈悲，這才是正確的修習方法。無論對方說些什麼，即使他看待問題的方式並不公正，又或者他在指責和埋怨你，你也要保持安坐，修習正念呼吸。

如果你感覺自己的狀態不太好，或者覺得自己無法以這種方式繼續傾聽下去，你要讓對方知道。你可以對他說：「親愛的，可否過幾天再繼續？我需要做一些修習來恢復自己的精神和體力，然後才能以最佳的狀態繼續聆聽。」你可以多做一些行禪、正念呼吸和坐禪，以此恢復慈悲傾聽的能力。

與共修團一起行走

和共修團一起修習行禪是非常好的。當我們一起行走時，你會體會到集體能量對你的支持。剛開始修習行禪時，和別人一起修習是很有幫助的。你可以邀請一位朋友和你一起行走，或者是拉著小孩子的手和你一起行走。

假如是獨自修習，你可以和樓梯簽訂一只修習合約，合約裡規定，每當你上下樓經過這段階梯時，都要正念地行走，安穩地走好每一步。如果走到一半，你發覺在某個地方你的心跑掉了，那麼就要走回去，重頭開始。如果你能夠成功地在這條樓梯上修習，那麼無論走到哪裡，你都能安住於當下。除此之外，你還可以和某一段路簽訂合約，例如從你的工作室走到洗手間。你承諾，在這段路程中，你所走的每一步都要正念安穩，否則就要返回原處，重新再走一次。這是一個非常好的修習方法，它讓我們學習和了解如何深刻地活在日常生活的每一刻，如何避免被習氣拉走。用你的雙腳走路，不要用你的頭腦。走路時，將注意力集中在腳底。如此走路，你會感到喜悅，能夠真正地活在此時此刻。

當我們一起修習行禪時，所產生的正念和平安的集體能量會滋養我們的身心，讓我們恢復健康。

集體正念能量

經常與共修團保持聯繫可以幫助我們持續改善修習的質量。共修團能夠製造念與定的集體能量，這對我們很有幫助。尤其是剛開始修行時，我們自己的念力和定力還不夠強大，不足以覺察和擁抱苦痛、悲傷、恐懼。有了團體的支持，成功的機會就會更大。

當我們感到痛苦時，可以來到共修團，對共修團說：「親愛的朋友，這是我的痛苦、絕望和憤怒，這些能量對我來說太強大了，請幫助我擁抱心中的痛苦、絕望和恐懼。」讓共修團擁抱我們，以其巨大的正念和正定的集體能量來支持我們。突然之間，我們會感到自己有能力去面對恐懼，去擁抱痛苦與悲傷。和共修團坐在一起，修習正念呼吸，你會放下心中的苦惱，得到療癒和轉化。對於修行者而言，生活中有共修團的存在非常重要。因此作為修行者，我們也要時常思考，如何才能幫助共修團在我們所居住的社區建立起來。

按照佛教的傳統，我們的修行就是我們的**法身**。我們有肉身；如果修行的話，還會有一個身體，稱為法身。法身能夠幫助我們處理困難和苦痛，如果法身強壯，我們還可以幫助其他人。

法可以解釋為智慧的教導。法可以用口頭的言語或書面的文字來傳遞；此外，還有一種活著的法，需要通過我們的生活來展示傳遞。修習正念呼吸和正念步行時，就是在具體表現這個法，即使我們什麼都沒有說，也沒有聽任何佛法開示。當你看到同修的兄弟姊妹們在正念步行，享受每一個步行時，你看到的他們就是活著的法。在生命中散發和平及喜悅，就是活著的法。

佛陀的僧團

佛陀在菩提樹下達到圓滿覺悟後，他做的第一件事，就是去尋找適當的條件建立僧團。佛陀知道，就如兩千五百年後的馬丁·路德·金恩所想的一樣，如果沒有僧團的支持就難以達成他的夢想，完成佛的事業。如果沒有團體，沒有僧團，即便是佛陀也做不了什麼，就像音樂家沒有樂器一樣。佛陀是位傑出的僧團建設者，沒過多久，他就建立了一個擁有一千兩百五十人的僧團。這很不容易，但是佛陀做到了。我們也要學習如何建設共修團。

我們知道，在我們之內和這個大千世界裡，到處都有苦的存在。我們想盡自己的一點力量，去減輕這世間的苦難。許多人感到絕望無助，因為他們的苦痛實在太大了，而我們依靠一己之力能夠減輕的眾生苦惱又實在是太少了。世上有那麼多的苦痛，這讓我們無法抵擋，於是我們開始生病，變得憂鬱沮喪。佛陀年輕的時候也有同樣的感覺。他看到身邊的疾苦，他知道即使他成為國王也無法改變這一事實。因此，他決定不做國王，而是選擇另一條道路。佛陀之所以選擇出家修行，是出於他想要幫助人們離苦的深切願望。

出家或在家的修行者心中都有與佛陀相同的渴望，我們希望自己的修行會有助於減輕世間和自己的苦痛。我們心中的苦痛反應了世間的苦痛。如果我們能明白心中的苦，就能明白世間的苦；如果我們能轉化自己的苦，就能轉化世間的苦。這正是佛陀所做的。

越戰時期，我還是個年輕僧人。當時的人們遭受了極大的苦痛，數以百萬的人喪失生命，不單是軍人，還有許多平民；不只是成年人，還有孩童。我們飽受苦痛的煎熬，迫切希望能夠行動起來結束這場戰事。我清楚地看到，靠一己之力是行不通的，我們必須作為一個共修團聯合起來，才能有所作為。

每個人都有同樣的感覺。我們的地球飽受各種危機的困擾，暴力和苦痛充斥了整個世界。如果任憑自己被絕望無助的瘟疫壓倒，你會發瘋。我們要奮起，要有所行動——首先要讓自己生存下去，然後再去幫助別人，減少他們的痛苦。我們已經看到，正如佛陀所看到的一樣，沒有共修團就根本無法取得成功。因此，我們必須走到一起，和共修團甘苦與共。我們知道，只有共修團能讓我們走出困境。

看到世間的苦難時，我們會知道自己那點苦惱根本不算什麼，這樣的覺知會即時減輕我們自己的苦痛。接觸世上的苦痛時，我們會覺得自己不再是孤身一人，心中的苦惱也會隨之減少。懷著共同的理想，我們走到一起，組成共修團。我們有共同的意願、能量和渴求，這種力量讓我們認識到，團體的力量會讓我們大有作為。我相信未來佛將不會是一個個人，而是一整個僧團，因為僅有一尊佛是不夠的。我們必須聯合起來成為一個共修團。

我們可以走到一起，互相滋養心中的喜樂和慈愛。和共修團一起修習、微笑、唱歌、工作，這些都讓我們感到喜悅。彼此共處，我們可以一起培養幸福，淨化身心，成就心中的願望。當我們的意願越來越強大時，自然就能齊心協力面對種種困難，採取行動，減輕世間的苦難。

和共修團共事能帶給我們莫大的喜悅，這是治癒我們自己和整個世界的喜悅。沒有這種手足情誼的喜悅，我們根本無法走遠。慈愛，其實就是兄弟姊妹之情，彼此了解，培育心中的愛。慈愛並不是那種浪漫式的愛情，浪漫的愛是不夠的，它是很短暫的。兄弟姊妹的情誼是長久的愛，是能夠一直支持我們，幫助我們實現心中理想的愛。

我們要對此有所覺知，沒有共修團，沒有真正地在一起，我們無法轉化這世上的恐懼與苦痛。我們要學習如何通過覺知呼吸以釋放心中的緊張，擁抱痛苦的感受。當恐懼、憤怒和絕望的感受生起時，我們要懂得如何照顧這些感受。當衝突發生時，我們要學習如何通過慈悲傾聽和愛語來重建溝通。唯有懂得如何修習，才能學會這些方法。這些修習將有助於轉化我們自己、我們的家庭、社區，還有這個世間的苦難。但是如果沒有共修團的支持，修習將是不容易的。

建設共修團

首先要做的，是在我們的周圍尋找共修團的元素。我們要像佛陀一樣展開行動，不要等到下一次禪修營或暑假的時候才開始。現在就去參加一個共修團，或者你也可以在家裡成立一個共修團，這樣就可以持續修習。我們可以一起行禪、坐禪、觀照呼吸，或者修習正念傾聽鐘聲。共修團的建設是重要而神聖的，每個人都要盡快開始考慮這件事情。我們要建立一個共修團，一個真正的共修團，一個能培養手足情誼、平安和正念能量的共修團。

如果你找不到鄰近的或者適合你的共修團，那麼你可以在你家裡或在你居住的城市建立一個共修團，為你自己、你的孩子、你的朋友和家人創造一個修習的皈依地。集體的力量一定大於個人的力量，如果你懂得如何藉助集體的能量讓自己變得更加強大，你就能更堅強地擁抱心中的感受，不被苦痛壓倒。

如果你把一塊石頭拋到河裡，無論那是多麼小的一塊石頭，它都會沉入河底；但是如果你有一艘船，就可以讓許多石頭浮在水面上。共修團正是如此。如果只有你一個人，你會沉入苦海；如果你有一個共修團，它會扶著你，擁抱你的悲傷和苦惱，讓你安然地浮在水面上。許多人已經從共修團的集體能量中獲益匪淺。當你了解共修團對修習的珍貴和重要性，你就會盡最大的努力去尋找共修團一起修習。如此，每個人都能從中受益。共修團就是你的救生艇。

如果你修習得好，你會成為自己和親友的皈依處。如果你將自己的家庭轉化為一個共修團，其他人也會來參加，他們會在你的家裡找到皈依處。如果你將幾個家庭集合在一起成立一個共修團，如果這個團體有很好的修習，它會成為許多人的皈依處。個人在共修團裡就好像是大河裡的一滴水，共修團會帶領我們一起流向大海，我們的恐懼和苦痛將會得到覺察、擁抱和轉化。

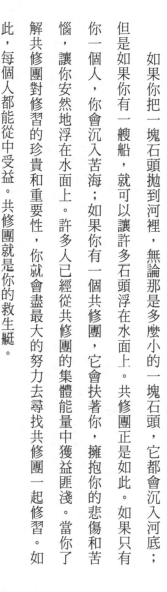

十四、轉化恐懼的修習

每一刻都是一個機會，讓我們與世界和好，讓世界有可能祥和，讓世界有可能幸福。正念生活的修習，可以被形容為幸福的修習、愛的修習。

釋放身心恐懼的八項正念修習

修習正念呼吸有助於我們體驗喜悅與平安。專注於呼吸時，思想會停止，我們就不會被過去或未來拉走。如果過分沉醉於思想，就無法真正地活在當下。笛卡兒說：「我思故我在。」但是大多數時候，真實的情況是「我思故我不在」。

吸氣時，就專注於吸氣，不要去**思考**吸氣。直接地體驗我們**正在**吸氣。那不是個念頭，而是實相。在這一刻我們經驗到的實相就是我們在吸氣。「吸氣，我享受吸氣。」當我們正念呼吸時，可以覺察到許多事物。我們接觸到生命的奇蹟，正念呼吸讓我們覺知自己是活著的，活著是一件美妙的事情。存在於此時此地，能夠呼吸，這就是奇蹟。活著是最偉大的奇蹟，雙手抱著初生嬰兒的母親知道這一點，在死亡邊緣掙扎的人也知道這一點。能夠活著，呼吸，在這片大地上行走，是一件非常美妙的事情。我們無需以飲酒或開派對來慶祝生命，任何時候我們都可以用呼吸和行走來慶祝生命。有了念和定，我們可以在日常生活的任何一刻接觸生命的奇蹟，活出生命的奇蹟。今時今日，就可以做到。

正念能量可以出現在任何時候、任何地方。通過正念呼吸和正念步行，正念能量讓我們深刻接觸生命的奇蹟，讓我們感到幸福喜悅。這個修習非常具體，也非常簡單。吸氣時，就只是專注於吸氣，這會帶來即時的轉化。越是活在當下，越是能夠接觸更多的實相。修習行禪時，正念會讓你接觸到更深刻的實相，體驗到更深刻的生命。你的呼吸方式和看問題的方式，決定了你是否能夠接觸到更深層的實相。

以下是一些簡單的正念呼吸練習。當你感到恐懼時，可以做下面的這些練習。第一到第四個練習的修習對象是我們的身體；第五到第八個練習的修習對象是我們的感受。

練習一

練習一極之簡單而效果卓越：它讓我們了解到自己是否真的在這裡，是否真的活著。你不只是你的身體，你也是你的環境，你包含了這兩個面向的所有一切。這個修習很簡單，卻能帶來幸福喜樂的奇蹟。

第一個練習：「吸氣，我知道我在吸氣。呼氣，我知道我在呼氣。」吸氣時覺知入息，呼氣時覺知出息。非常簡單。專注於自己的呼吸，放下思緒，放下過去、未來和所有計畫。我們和呼吸在一起，感覺自由自在。入息是我們關注和覺知的唯一對象。我們只是享受呼吸。

練習二

練習二：「吸氣，我跟隨我的入息，由始至終。呼氣，我跟隨我的出息，由始至終。」吸氣可能會持續兩秒、五秒或更久。你要由始至終地、不間斷地跟隨入息，享受整個呼吸的過程。如此，你的專注力會變得越來越強。這是我們訓練定的方法。念中有定；有了定，條件成熟時智慧就會隨時生起。

練習一是辨認入息和出息的修習；練習二是由始至終跟隨入息和出息的修習。

練習三

練習三：「吸氣，我覺知全身。呼氣，我覺知全身。」在整個入息的過程中，保持對身體的覺知，讓身體成為正念的對象。也就是說，讓心回到身體。當身心合一時，你的身與心會真正地回到此時此地。身心合一是練習三的修習對象。「吸氣，我覺知全身。呼氣，我覺知全身。」這是讓身與心和好的修習。

可能長期以來你經常放棄和忽視自己的身體，你的飲食習慣和工作方式都未能好好地照顧這個身體。所以，現在就要把覺知帶回身體，照顧身體，與身體和好。「吸氣，我覺知全身。」如此呼吸，你會清楚地知道，你真的在這裡，你真的活著，你可以對別人有所幫助。你為自己而在，也為其他人而在。

練習四

我們要將這個修習應用於日常生活中。回到身體，你會看到自己身體的狀況。可能你會發覺，這個身體裡有一些緊張或痛楚。這個痛楚或許是慢性形成的，因為長久以來你一直對它聽之任之。你的身體裡已經累積了許多的緊張和痛楚。現在你回到了自己的身體，可以做一些事情來緩解身體的緊張和痛楚。這也是為什麼佛陀教導我們做第四個呼吸練習：「吸氣，我覺知身體的緊張和痛楚。呼氣，我平靜，我釋放身體的緊張和痛楚。」

練習三讓我們覺知身體的存在；練習四幫助我們舒緩緊張，讓緊張從我們的身體裡流出去。「吸氣，我覺知全身。呼氣，我覺知全身。」「吸氣，我覺知身體的緊張和痛楚。呼氣，我釋放身體的緊張和痛楚。」當緊張得到緩解，痛楚亦會隨之減輕。

練習一至練習四教導我們修習如何覺觀呼吸和身體，以及如何照顧自己的身體。「我不只是思想和計畫，我還有一個身體。我要好好地照顧這個身體。呼吸也是我身體的一部分。」萬物相互連結，當我們接觸自己的身體，覺知身體上的緊張和疼痛時，我們就已經接觸到了感受。緊張會產生一種不愉悅的感覺和感受；疼痛也是一種不愉悅的感受。因此，我們要學習放下，釋放緊張，讓自己感覺輕鬆自在，身體的疼痛就會減輕。這些正念呼吸的練習是系統而有條理的。

感受的領域

在接下來的四個練習中，我們將轉移到感受的領域。練習五讓我們生起愉快喜悅的感受。修習正念能讓我們產生喜悅的感受和幸福的感受。在佛教中，我們經常討論如何照顧痛苦，但是我們也會討論如何照顧喜悅。修行者要懂得如何照顧苦，也要懂得如何照顧樂。練習五和練習六教導我們生起喜悅和幸福的感受，練習七則告訴我們如何照顧痛苦。在這幾個練習中，之所以先提及幸福喜悅然後才是痛苦，是有原因的。我們需要喜悅和幸福的感受先賦予我們力量，才能去轉化痛苦。

「吸氣，我覺察愉悅的感受。」傳統上，我們說有三種不同的感受：樂受、苦受、不苦不樂受。而我認為，還存在著第四種感受，即混合感受：苦與樂交集在一起，一種既苦又甜的感受。

練習五和練習六幫助我們覺察愉悅的感受。當愉悅的感受顯現時，你可以覺察它。或者當我們需要愉悅的感受時，你可以讓它隨時生起。作為正念修行者，你要知道如何覺知幸福的感受，也要知道如何製造幸福的感受。以念和定，隨時可以製造幸福的感受。

幸福的條件

此時此刻，我們已經擁有許多幸福的條件。你可以試著用紙筆把它們記錄下來。剛開始時，你以為這個清單不會太長，但是隨後你會驚訝地發現，要把所有已經擁有的幸福條件寫下來，寫滿一張紙的正反兩面都還不夠。

當我們觀察自己的身體和周圍的環境時，會發現許多幸福的條件已然存在，有幾千幾百個幸福的條件。例如，你的雙眼就是其中之一。如果眼睛完好無損，只需睜開雙眼，你就可以看到萬千光影和顏色，彷彿置身天堂。而當你失去視力時，你會認識到，擁有良好的視力這件事本身就是一個奇蹟。所以，你的好視力就是一個幸福的條件。你要感謝你的眼睛保持了這麼好的視力，讓美麗的天堂能夠展現在你的眼前。當你覺察到這個幸福的條件時，幸福也會自然生起。

你的生命裡有無數這樣的奇蹟，譬如你的心臟。「吸氣，我覺知我的心臟。」以正念覺知你的心臟。「吸氣，我覺知心臟，我非常幸福。」擁有一顆健康的心臟是莫大的幸福。長時間工作之後，我們可以有機會停下來休息一下，但是你的心臟還要繼續工作，它要為你一天二十四小時不斷地跳動。你的心臟健康有力，為你堅守崗位，這是多麼美妙的事啊。有些人卻沒有這樣一顆心臟，他們總是擔心自己會心臟病發作或者出現其他緊急情況；在這個世界上，他們最想要的東西莫過於擁有一顆像你我一樣的心臟，除此之外別無他求。因此，當你呼吸並覺知你的心臟時，你就接觸到了另一個幸福的條件。「吸氣，我覺知心臟。呼氣，滿懷感恩，我對心臟微笑。」你接觸到了另一個幸福的條件。此時此刻，你可以在你的身心和你的周圍接觸到幾百個幸福的條件。

以念和定，任何時候都能產生幸福的感受。我們唯一需要做的，是回到自己，覺知此刻已有的幸福條件。如此，幸福就會即時來到。修習正念的人可以讓幸福的感受隨時生起。

如果你能夠製造幸福喜悅的感受，那麼你也能夠處理痛苦的感受。沒有修行的人不懂得如何處理苦受和強烈情緒。但是對我們修行的人來說，當痛苦感受或強烈情緒生起時，我們不會受其所害，我們知道應該怎麼處理。當幸福或痛苦的感受生起，我們只要如實地覺知它。即使是愉悅的感受，也只是覺知它，無需執著或抓著它不放。我們的修習是純粹地覺知此時此刻正在生起的愉悅感受。

不要試圖抓著愉悅的感覺不放，也不要用力將它推開，就只是覺察它。當苦痛的感受生起，我們也要做同樣的修習。無需執著，無需對抗或壓抑不愉悅的感受，只是覺察它的存在。即使心中有痛苦的感覺，我們也要保持無拘無束。感受就只是感受，而你遠遠不只是你的感受。無論那感受是苦還是樂，都不要被它拉走。我們的修習是覺察感受。

覺察喜樂

練習五是覺察喜悅的感受：「吸氣，我感到喜悅。呼氣，我覺知喜悅的感受。」練習六是覺察快樂的感受：「吸氣，我感到快樂。呼氣，我覺知快樂的感受。」佛陀教導我們，喜與樂有著微妙的區別。想像一下，一個人在沙漠裡行走，他非常渴卻找不到可以喝的東西。突然間，他看到前面有個綠洲，他知道到了那裡之後就一定有水喝。「再過十五分鐘，我就可以走到那裡了，就可以喝水了！」這是喜悅的感受。當我們的這位朋友到達綠洲後，他跪下來喝水，感到非常幸福快樂。喜與樂是不同的，在喜悅之中還有興奮激動的意思；而快樂則是一種更為平靜的感受，類似於滿足。

我們要為自己的感受而在。感受像一條河流，在我們之內日夜流動。每個感受都是河裡的一滴水。感受生起，顯現，停留一段時間，然後消失。我們可以坐在這條感受之河的岸邊，觀察並覺知每個感受的生起，看著它停留，看著它離去。不要以為那感受就是你，也不用去推開它。讓自己自由自在，不要受感受的干擾。我們要訓練自己覺察感受。以正念的力量，我們可以讓幸福快樂的感受隨時升起。

覺察和擁抱痛苦

練習七讓我們覺察苦受或不愉悅的感受：「吸氣，我知道痛苦的感受生起。呼氣，我平靜那個痛苦的感受。」苦是一種能量，沒有修行的人會被痛苦的感受壓倒，成為痛苦的受害者，無論是身體上或情緒上的痛苦。有些強烈的情緒令人非常痛苦，它們是由我們心識深處生起並顯現出來的能量場。

每當痛苦的感受或情緒生起，修行者要知道如何處理。佛陀教給我們一個方法，即接觸我們內在的正念種子。我們可以通過呼吸或步行來產生正念能量，形成第二個能量場，然後以這個能量場來照顧第一個能量，即痛苦的能量。在覺知呼吸和正念步行的修習中不斷訓練自己，如此我們才能知道如何產生念和定的能量，這一點非常重要。有了念與定這兩種能量，我們就能處理好苦的感受。當念和定這第二個能量場生起時，我們以此去擁抱第一個能量場，即苦受的能量場。我們要完全依照這個方法修習，以念和定的能量覺知和擁抱苦受。「我的恐懼，你好。我的憤怒，你好。我的悲傷，你好。我知道你們在那裡，我會好好照顧你們。」

在你之內，有苦的能量，也有念與定的能量。以正面能量擁抱痛苦能量時，轉化會發生，正念會像熱能或陽光一樣滲透進去。清晨時，蓮花尚未開放，等到太陽初昇，花朵會接觸到陽光。陽光不只是圍繞著花朵，它的光能會穿透蓮花的花苞，不一會兒，蓮花就盛開了。我們要做的也是一樣。當我們擁抱痛苦時，念和定的能量粒子會像光子一樣滲入痛苦的領域。幾分鐘後，你就會感覺好得多。這就像是在冰冷的房間裡打開暖爐，暖爐會散發熱能。我們不是以溫暖去驅逐寒冷，而是讓溫暖去擁抱和滲入冷空氣。很快地，空氣就變得暖和了。在這個過程中，沒有暴力，也沒有對抗。修行者應該如此修習，以念和定去擁抱痛苦。

釋放恐懼

練習八讓我們平靜和釋放痛苦感受中的緊張感，擁抱、撫慰、釋放痛苦的感受：「吸氣，我平靜心行。呼氣，我平靜心行。」這個練習和我們之前所做的關於身體的修習是完全一樣的。首先覺察身體的存在，然後釋放身體的緊張感。我們要對感受做同樣的修習，覺察痛苦，然後釋放痛苦。

溫柔地、非暴力地擁抱我們的感受，撫慰我們的感受。如此修習幾分鐘，已能帶來一些舒緩。修行者要能覺察、擁抱和舒緩心中的痛苦。如果你剛剛開始禪修，正念能量還未穩固，仍不足以覺察和擁抱自己的痛苦的話，那麼你可以找一位朋友來幫助你。

覺察和擁抱痛苦的感受。幾分鐘後，痛苦的能量場會開始消退，你將從痛苦或恐懼的掌控中解放出來。當來自心識深處的種子顯現時，它會形成一個能量場；它會停留一段時間，然後以種子的形態返回原來的位置。但是因為這顆種子被正念覺察過和擁抱過，它會失去一部分能量，和未顯現前相比已有所削弱。這一切你都知道得非常清楚，你知道應該如何照顧你的痛苦。當痛苦顯現，就讓它顯現，不要把它壓下去。不要去壓抑它，讓它顯現，然後好好地照顧它。

當我們修習行禪和正念呼吸時，會產生強大的正念能量，這個能量可以幫助我們覺察和擁抱自己的痛苦與恐懼。如此修習一段時間後，你會看到恐懼以種子的形態返回原處。如此你就明白了，如果恐懼再次顯現，你可以做同樣的修習。你的慢性恐懼和焦慮會真正開始減退。

我們修習得越多，就越能夠溫柔地對待恐懼和擁抱恐懼，恐懼消退得就會越快。無有畏懼地活在當下是可能的。無有畏懼，我們就能更清楚地看到自己和別人的連繫。無有畏懼，我們會有更多的空間培養理解和慈悲。無有畏懼，我們可以獲得真正的自由。

八個呼吸練習：轉化心中恐懼之源

完成以上的八個呼吸練習後，我們可以繼續下面的八個練習。這些練習會幫助我們了解自己的內心，放下妄想，接觸實相的本性，從而達致無畏。

練習一：心的領域

練習一讓我們覺察我們的心行和心的狀態，就像之前的第三個練習覺知身體和第七個練習覺知感受一樣：「吸氣，我覺察我的心行。呼氣，我覺察我的心行。」

在我們之內，有一條心行之河，每個念頭都是河裡的一滴水。我們可以坐在河岸邊，觀察每個心行的生起和息滅。只是純粹地覺知心行，看它生起，停留一陣子，然後消失。我們無需抓住、對抗或者推走它們。

當恐懼生起，我們說：「吸氣，我知道恐懼的心行在我之內。」

當恐懼的心行生起，我們吸氣，然後覺知恐懼正在我們之內。以念與定，我們覺察和擁抱心行，然後深觀它的本性。

練習二：讓心喜悅平安

練習二是讓心喜悅：「吸氣，我令心喜悅。呼氣，我令心喜悅。」

令心喜悅，增強它的心力，讓它充滿活力。這個練習有點像之前那組練習中製造喜悅快樂的練習，只是另外增加了鼓舞心力、為心注入活力的內容。

根據佛教心理學，心識最少有兩個層面。下層是藏識，心行的所有種子都在那裡。當一顆種子被觸動或被澆灌時，它會在意識中顯現為心行。為了令心喜悅，我們要使用「選擇性灌溉」這個修習方法。

首先，我們要讓負面種子在藏識中沉睡，不要讓它有機會顯現。如果負面種子經常顯現，它的基礎就會增強。其次，如果負面種子在意識中顯現，我們要讓它盡快返回藏識，以種子的形態陷入沉睡。接下來，我們要鼓勵美善的心行在意識中顯現。最後，當美善的心行顯現時，我們要讓它在意識中盡可能停留較長的時間。這需要我們好好地安排自己的生活方式，讓美善的心行種子每天都有被觸動和被澆灌的機會。在藏識之中可能還有一些美善的種子，它們之前沒有機會顯現，現在我們也要讓它們有機會顯現。

練習三：集中心意

在練習三中，我們讓心進入定的狀態。修習定能帶來智慧：「吸氣，我集中心意。呼氣，我集中心意。」

定能息滅煩惱，這就好像通過透鏡聚焦的陽光能夠讓紙燃燒一樣。定即深刻觀照恐懼、憤怒、妄想和絕望。定能燒毀所有一切煩惱，剩下的就是智慧。

有一種禪定的修習，是以空性來修定。空，即沒有永恆的實體。雖然空性不難理解，而且真實存在，但是我們平常的思想模式並不與空性相應。因此，我們要訓練自己以這種方式去看事物，這樣我們才能看得更為深入，才能看到事物根本的空性。

科學家告訴我們，一切物體主要都是由空間構成的。一朵花或一張桌子內的物質實際上是非常少的——一張桌子內的所有物質加起來比一把鹽還要少。我們知道這些事實，但是在日常生活中，我們還是習慣性地把桌子看成大而堅固的物體。當科學家進入基本粒子的世界時，他們也要放下把事物看作獨立存在的物體的慣常思維，只有這樣才有機會了解真正的物質世界。即使是科學家都要這樣訓練自己，所以你也要在日常生活中訓練自己，以這樣的方式去看事物。

定的意思是，長時間保持洞察和智慧。智慧不是靈光一現，那不足以解脫你。在日常生活中，你要時時刻刻保持無我、空、無常的智慧。當你看到一個人、一隻鳥、一棵樹或者一塊石頭，你要看到它的空性，這樣的智慧才能讓你解脫。這並不是要你去臆測空性的意義，而是要你真正看見自己和別人的空性。當你擁有這樣的智慧，你會無所畏懼，無有束縛，不會再是分離與分別心的受害者，因為你已經看到相即的本性。深刻地禪修，深觀事物的本質，你會觸及萬物的相即本性。無論是花朵、佛陀、人，還是樹，當你接觸到它們空與相即的本性，你會看到，一即一切，一切即一。

練習四：讓心解脫

在練習四中，我們讓心從煩惱和觀念中解脫出來：「吸氣，我讓心解脫。呼氣，我讓心解脫。」

我們的心被綁上了，受盡恐懼、憤怒、悲傷和分別心的種種折磨。之前我們已經修習了覺察和擁抱恐懼痛苦的練習，但是要完全轉化這些煩惱，我們還需要有定的力量，才能從這些束縛中解脫出來。

有許多不同的禪定修習方法，其中之一就是無常定。我們知道無常這個觀念。不過即使我們已經接受並認同了萬物無常，這個無常的觀念仍然只是個觀念，它決定了我們對事物的看法和日常的行為方式。雖然在理智上我們知道我們所愛的人是無常的，但是我們的生活和行為方式仍然認為愛人會永遠在我們身邊，我們也永遠不會改變。然而，萬物像河流一樣瞬息萬變。當我們再見到他時，可能我們接觸到的還是二十年前的那個他；我們接觸不到此刻的他，他的思想和感受已經非常不一樣了。因此，為了能真正地接觸無常的本性，我們要以無常做禪修。我們需要的是無常定，而不是無常的觀念。無常的觀念無法解脫我們，唯有洞察無常的智慧才能讓我們解脫。定與觀念完全是兩回事。

剛開始時，我們可能還是需要有關無常的那些教理和觀念。我們可以把它作為一種工具，讓我們生起對無常的洞察。這就好像火柴和火焰；火柴不是火焰，但火柴可以生起火焰。當火焰生起時，火焰會燒掉火柴。當智慧生起時，智慧會焚滅概念。真正讓我們解脫的，是對無常的智慧。

知覺

在最後的四個練習中，我們審視心的對象，洞察它的本性，即我們對事物的認知方式。定的修習幫助我們正確地認識實相，認識世界。許多人堅持認為，心識在我們之內，而客觀世界在我們之外。我們相信，內在的心識需要向外去了解外在的客觀世界。但是當我們從相即的角度去看事物時，我們會發現，心識的主體和客體不可能分開獨立存在。就像左和右，沒有左就沒有右，沒有右也沒有左。

當我們感知事物時，無論那是一枝筆還是一朵花，感知的主體和客體總是同時顯現。如果我們有覺察和認知，那一定是對某個東西的覺察和認知。如果我們在思考，那一定是有一個思考的對象。因此，主體和客體總是同時顯現。

練習五：觀照無常

練習五是觀無常。在這之前，我們曾經做過讓心解脫的練習，那時我已經詳細解釋過無常定的例子。「吸氣，我觀察萬法無常的本性。呼氣，我觀察萬法無常的本性。」

觀無常只是一種修習禪定的方法。如果我們修習得好，也可以同時取得其他禪定的成功。深觀無常，我們會發現無我、空和相即，因此無常包含了所有禪定的觀照對象。隨著一呼一吸，專注於觀照無常，直到我們到達實相的核心。觀照的對象可以是一朵花、一塊石子、我們所愛的人或者我們討厭的人，也可以是我們自己、我們的痛苦、恐懼或悲傷。任何東西都可以成為禪修的對象。我們的目標是接觸它們內在的無常本性。

練習六：放下渴求

練習六是觀照無欲和無貪：「吸氣，我觀察欲望消失。呼氣，我觀察欲望消失。」

在藏識和上層的意識之間還有一層，稱為**末那**（manas）。末那識由藏識所生，它是意識的基礎。末那識中有很多妄想，因此有執取的傾向。心的這部分總是在尋找快樂，對因此帶來的危險視若無睹。末那識承載著我們的原始恐懼和原始欲望。觀照無常可以幫助我們將末那識的妄想轉化為智慧。我們可以深觀貪愛的對象，看到它們的本性。我們渴求的對象可以是某個東西或某個人，它們都擁有破壞我們身心的力量。深觀我們所渴求的和所攝取的東西是一項重要的修習。餵養執著、恐懼和暴力的，可能正是我們的身心每天所攝取的東西。

練習七：涅槃

「吸氣，我觀察滅。呼氣，我觀察滅。」

在練習七中，我們觀察滅，即涅槃，一切觀念的息滅。如此，我們才能如實地接觸實相。然後，我們會接觸到自己相即的本性，了知我們即是整個宇宙的一部分。實相的本性超越所有的概念和觀念，包括生與死、有與無、來與去的觀念。對無常、無我、空、不生不滅的觀照可以帶來解脫。生滅的觀念可能就是恐懼、苦惱和焦慮的根源。當我們看到實相不生不滅的本性時，就可以從焦慮與恐懼中解放出來。

練習八：捨

「吸氣，我觀察捨。呼氣，我觀察捨。」

這個練習讓我們深觀對渴求、仇恨和恐懼的捨棄。這個定的修習可以幫助我們接觸實相的真實本性，讓我們生起智慧，擺脫恐懼、憤怒和絕望。為了獲得自由，我們要放下對實相的錯誤認知。涅槃的字義是清涼，火的熄滅。在佛教中，它代表了錯誤認知所帶來的煩惱的息滅。涅槃並不是我們要去的一個地方，也不是未來才能得到的一樣東西。涅槃是實相的本性，如如之性。涅槃就在此時此地，此刻你已在涅槃之中，你就是涅槃，如同波浪就是水一樣。

我們的本性是無始無終，不生不滅。如果我們懂得如何接觸自己的本性，就不會再有恐懼、憤怒和絕望。我們的本性就是涅槃。如果你的親人離世，你一定要去他的新顯現形態中尋找他。他不會滅去，他將以許多形態繼續存在。以智慧的眼睛，你可以在你的周圍和在你之內看到他。然後，你可以對他說：「親愛的，我知道你以新的形態繼續存在，你是不會滅去的。」練習八幫助我們放下妄念，接觸實相的本性，這會給我們帶來自由、解放和幸福。

我們要持續地學習、修行和討論，讓理解不斷地增長。安住於當下，你會發現，你開始感興趣於審視生命中的一切，你將發現許多美好的事物和奇妙的修行方法。這並不是說你迷失在思考之中，而是說明你在如實地觀察實相，發現它的本性。

我們生活在恐懼裡。我們害怕很多事情，例如：我們的過去、死亡，還有失去自我。這八個練習和前面的八個呼吸練習能帶給我們智慧，讓我們接觸到究竟的實相，讓我們心中再無恐懼。如果能與別人分享我們的生命和智慧，那就是在贈予他們一分最偉大的禮物——無畏。

放鬆禪：轉化恐懼和壓力

恐懼在我們的身體裡不斷積聚，造成很多的緊張和壓力。休息是治癒的前提。

森林裡的動物如果受了傷，牠們會找個地方躺下來，澈底休息放鬆幾天。牠們不會去思考食物或者其他問題，就只是休息，這樣便能自然痊癒。而當我們人類感到恐懼時，或者當我們被壓力推倒時，我們會去藥房買藥吃，甚少有人會有這樣的智慧，讓自己停下來，不再奔波，不再追逐。我們不懂得如何照顧自己。

深度放鬆讓身體有休息、痊癒和恢復體力的機會。放鬆身體，將注意力按順序放在身體的各個部位，將愛與關懷送到你的每個細胞裡。每天最少要做一次深度放鬆的練習，可以是二十分鐘或者更久。利用晚上或者一早醒來躺在床上的時候做，也可以在任何你覺得方便的時候做。在客廳裡或者任何能讓你躺下來、不受干擾的地方，都可以做這個練習。坐著的時候也可以修習深度放鬆，例如坐在辦公桌前的時候。

如果心中的恐懼和焦慮讓你晚上無法安睡，深度放鬆對你會有所幫助。你可以躺在床上，保持清醒，隨著一呼一吸享受深度放鬆的修習。有時你可能會因此而睡著，即使睡不著，你也可以從這個修習中得到滋養和休息。休息對你來說是非常重要的，這樣的放鬆練習甚至可以讓你得到比睡眠更深層的休息，因為我們睡覺的時候可能會做惡夢或一些比較激烈的夢。

在團體中做深度放鬆的時候，可以請一個人用下面的引導詞來帶領大家修習，引導詞也可以稍作修改。獨自做深度放鬆的時候，你可以試著一邊默唸、一邊修習，或者可以聽著錄音帶修習。

➤深度放鬆練習

讓身體平躺下來，雙臂放在身體的兩側。讓自己舒服地躺著，放鬆身體。覺察地面……還有身體跟地面接觸的感覺。**（讀引導詞的人可以在這裡暫停一下，呼吸。）**讓身體沉入地面。**（呼吸）**

覺知呼吸，吸氣，呼氣。覺察小腹在你吸氣和呼氣時升起和下降。**（呼吸）**升起……下降……升起……下降……**（呼吸）**

吸氣，把注意力放在雙眼上。呼氣，讓雙眼放鬆，讓雙眼沉入眼眶……釋放眼睛周圍所有微小肌肉的緊張……眼睛讓我們看到天堂般的各種形狀和顏色……讓眼睛休息……把愛與感恩送給你的眼睛……（**呼吸**）

你可以對自己說：「吸氣，我覺知我的眼睛。呼氣，我對我的眼睛微笑。」

吸氣，把注意力放在你的嘴上。呼氣，讓嘴巴放鬆，釋放嘴部周圍的緊張……你的嘴唇像是花瓣……讓溫柔的微笑在你的唇上盛放……微笑，放鬆臉上的幾百條肌肉……感覺緊張從你的臉頰、下巴、咽喉釋放……（**呼吸**）

吸氣，把你的注意力帶到雙肩。呼氣，讓雙肩放鬆，讓雙肩沉入地面……讓所有累積的緊張沉入地面……你的雙肩背負太多了……現在，在你關愛它們的同時，讓它們放鬆。（**呼吸**）

吸氣，覺知你的雙臂。呼氣，放鬆雙臂，讓它們沉入地面……你的上臂……手肘……下臂……手腕……手掌……手指……手部所有細微的肌肉……需要的話可以動動手指，幫助放鬆肌肉。（**呼吸**）

吸氣，把注意力帶到心臟。呼氣，讓心臟放鬆。（**呼吸**）你的工作、飲食、焦慮與壓力，讓你經年累月地忽略自己的心臟。（**呼吸**）……你的心臟日夜跳動。以正念溫柔地擁抱你的心臟，體諒它並好好照顧它。（**呼吸**）

吸氣，把注意力帶到你的雙腿。呼氣，讓雙腿放鬆，釋放腿上所有的緊張……你的大腿……膝蓋……小腿……腳踝……腳掌……腳趾……腳趾上所有細微的肌肉……你可以動動腳趾放鬆一下……把愛與關懷送給你的腳趾。（**呼吸**）

吸氣，呼氣……感到整個身體非常輕鬆……好像漂浮在水面上的浮萍一樣……你無處要去……無事要做……自由自在如天上的浮雲……（**呼吸**）

（幾分鐘的唱歌或音樂。）（**呼吸**）

把你的注意力帶回自己的呼吸……感覺小腹的一起一伏。（**呼吸**）跟隨呼吸，覺察你的雙臂和雙腿……你可以動動雙臂和雙腿，伸展一下。（**呼吸**）

如果你是在睡前修習，只要繼續跟隨你的呼吸，一吸，一呼。

如果你是在日間的空閒時間修習，當你準備好時，慢慢坐起來。（**呼吸**）

當你準備好時，請慢慢站起來。

站著的時候，花些時間覺察你的呼吸，然後再繼續下一項活動。

慈心禪：讓我們遠離恐懼

當我們被恐懼抓住時，我們會封閉自己。在這種情況下，我們既不可能慈悲，也不可能慷慨。要愛別人，得先愛自己，溫柔地對待自己。首先，這個禪修練習幫助我們接受自己，讓我們同時接受心中的苦與樂，然後才能夠去祝福別人。

慈心意即溫柔地愛。我們可以從發願開始修習，例如：「願我沒有恐懼。」全身心地深觀自己，了解自己。然後，我們為別人送去祝福：「願他／她沒有恐懼。願他們沒有恐懼。」這不是簡單地重複幾個詞語，也不是在模仿別人，人云亦云，更不是要強求達到某個理想狀態。我們不是在鸚鵡學舌。「我愛自己，我愛眾生。」在說這句話的時候，要把心投入進去！

修習可以讓我們看到自己已經擁有許多的平安、幸福和輕安。我們可以覺察自己此刻是否正在擔心意外或其他不幸，或者我們心中已有多少恐懼和憂慮。當我們覺察內心的感受時，對自己的了解也會加深。我們會看到心中的恐懼如何造成我們的不快樂，也會看到愛護自己和培養慈悲心的重要性。

慈心修習

下面這個慈心禪的修習取自覺音尊者在五世紀所著的《清淨道論》，這本經文對佛陀的教導進行了系統性的闡述。

修習慈心禪時，我們可以安靜地坐著，讓身體和呼吸平靜下來，然後默唸這段慈心禪：

願我安詳、快樂、身心輕安。

願我安全，免於傷害。

願我沒有憤怒、苦惱、恐懼與憂慮。

坐姿很適合這個修習。安坐時，你不會為其他的事情分心，可以如實地觀照自己，培養對自己的慈愛，決定在這個世界上表達慈愛的最佳方式。如此修習之後，你可以開始對他人修習慈心禪。

願她安詳、快樂、身心輕安。
願他安詳、快樂、身心輕安。
願他們安詳、快樂、身心輕安。

願她安全，免於傷害。
願他安全，免於傷害。
願他們安全，免於傷害。

願她沒有憤怒、苦惱、恐懼與憂慮。
願他沒有憤怒、苦惱、恐懼與憂慮。
願他們沒有憤怒、苦惱、恐懼與憂慮。

對他人修習慈心禪時，你可以從你喜歡的人開始，然後是沒有特別感覺的人，接著是你愛的人，最後是讓你痛苦的人。

要實踐穩固的慈心禪，你必須能夠充分地觀想自己和你要祝願的人。根據佛陀的教導，人是由五種元素，即五蘊（梵文稱作 *skandhas*）和合而成。這五蘊是：色、受、想、行、識。在某種程度上，你就像是一個測量者，五蘊就是你要勘測的範圍。

修習慈心禪，可以從深觀你的身體開始。你可以問自己幾個問題：我的身體此刻怎麼樣？以前是怎麼樣的？未來又會怎麼樣？然後，當你對喜歡的人、沒有特別感覺的人、所愛的人、憎恨的人修習慈心禪時，你也可以從觀想他們的面容和身體開始。吸氣，呼氣，觀想他的面容；他走路、坐下和說話的方式；他的心臟、肺臟、腎臟和身體的其他器官。多花一點時間去觀想，如果覺知這些細節所需的時間比較長，也沒有關係。你必須從自己開始觀想。當你清楚地看到自己的五蘊時，理解和愛會自然生起，你會知道什麼是該做的，什麼是不該做的。

觀察你的感受，無論它是愉悅的、不愉悅的，還是中性的。感受像是在我們之內流動的一條河流，而每個感受都是河裡的一滴水。觀察你的感受之河，觀察每個感受的生起。你要看清楚是什麼造成了你的不快樂，然後盡你所能地去轉化它。我們要去修習，去接觸我們之內和這個世界的美麗、清新以及具有療癒功能的元素。如此，我們會變得更加強壯，能夠更好地去愛自己和愛別人。

佛陀觀察到：「世上最痛苦的人是那些有許多錯誤認知的人，而我們大多數的認知都是錯誤的。」你在黑暗中看到一條蛇，你很害怕，但是當你的朋友拿燈去照時，你發現那只是一條繩子。你必須了解是什麼樣的錯誤認知造成了你的痛苦。慈心禪可以幫助我們清晰平靜地去看事物，如此一來，我們的認知能力也會得到改善。

接著，你要去觀察內在的心行、想法和傾向，它們決定了你的言語和行為。你要明白，影響你的不僅僅是你的個人意識，還有你的家庭、祖先和社會的共同意識。

最後，觀察你的心識。在佛教裡，我們說心識就像一塊田地，地裡埋著各式各樣的種子，有慈、悲、喜、捨的種子，也有憤怒、恐懼、焦慮的種子，還有正念的種子。心識裡藏著所有這些種子，心中可能生起的一切心行的種子都在這個儲藏庫裡。慈心禪可以把平安、喜悅和慈愛的種子帶到你的意識裡，讓它們形成能量場，轉化你心中恐懼的種子。

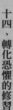

五項正念修習

五項正念修習代表了佛教對於靈性和道德的全球性視野，具體地表達了佛陀所教導的四聖諦、八正道、真愛以及正確的了解之道，為我們和世界帶來療癒、轉化和幸福。實踐五項正念修習，培養相即的智慧，即正確的見解，能夠消除分別心、固執、歧視、憤怒、恐懼和絕望。依據五項正念修習來生活，我們就是走在菩薩道上。走在這條道路上，我們不會迷失於現前的生活，也不會對未來感到恐懼。

第一項正念修習：尊重生命

覺知到殺害生命所帶來的痛苦，我承諾培養相即的智慧和慈悲心，學習保護人類、動物、植物和地球的生命。我絕不殺生，不讓他人殺生，也不會在思想或生活方式上，支持世上任何殺生的行為。我知道暴力行為是由恐懼、貪婪和缺乏包容所引起，源自於二元思想和分別心。我願意學習對於任何觀點、主張和見解，保持開放、不歧視和不執著的態度，藉以轉化我內心和世界上的暴力、盲從和對教條的執著。

第二項正念修習：真正的幸福

覺知到社會不公義、剝削、偷竊和壓迫所帶來的痛苦，我承諾在思想、說話和行為上，修習慷慨分享。我絕不偷取或占有任何屬於他人的東西。我會和有需要的人分享我的時間、能量和財物。我會深入觀察，以了解他人的幸福、痛苦和我的幸福、痛苦之間緊密相連；沒有了解和慈悲，不會有真正的幸福；追逐財富、名望、權力和感官上的快樂會帶來許多痛苦和絕望。我知道真正的幸福取決於我的心態和對事物的看法，而不是外在的條件。如果能夠回到當下此刻，我們會覺察到快樂的條件已然俱足；懂得知足，就能幸福地生活於當下。我願修習正命，即正確的生活方式，藉以幫助減輕眾生的苦痛和逆轉地球暖化。

第三項正念修習：真愛

覺知到不正當的性行為所帶來的痛苦，我承諾培養責任感，學習保護個人、家庭和社會的誠信和安全。我知道性欲並不等於愛，基於貪欲的性行為會為自己和他人帶來傷害。如果沒有真愛，沒有長久和公開的承諾，我不會和任何人發生性行為。我會盡力保護兒童免受性侵犯，同時防止伴侶和家庭因不正當的性行為而遭受傷害與破壞。認識到身心一體，我承諾學習用適當的方法照顧我的性能量，培養慈、悲、喜、捨這四個真愛的基本元素，藉以令自己和他人更加幸福。修習真愛，我知道生命將會快樂、美麗地延續到未來。

第四項正念修習：愛語和諦聽

覺知到說話缺少正念和不懂得細心聆聽所帶來的痛苦，我承諾學習使用愛語和慈悲聆聽，為自己和他人帶來快樂，減輕苦痛，以及為個人、種族、宗教和國家帶來平安，促進和解。我知道說話能帶來快樂，也能帶來痛苦。我承諾真誠地說話，使用能夠滋養信心、喜悅和希望的話語。當我感到憤怒時，我絕不講話。我將修習正念呼吸和正念步行，深觀憤怒的根源，尤其是我的錯誤認知，以及對自己和他人的痛苦缺乏理解。我願學習使用愛語和諦聽，幫助自己和他人止息痛苦，找到走出困境的路。我絕不散播不確實的消息，也不說會引起家庭和團體不和的話。我將修習正精進，滋養愛、了解、喜悅和包容的能力，逐漸轉化深藏於我心識之內的憤怒、暴力和恐懼。

第五項正念修習：滋養和療癒

覺知到沒有正念的消費所帶來的痛苦，我承諾修習正念飲食和消費，為了我自己、我的家庭、我的社會，培養身心的健康。我將深入觀察我所攝取的四種食糧，包括飲食、感官、意志和心識。我絕不投機或賭博，也不飲酒、使用麻醉藥品或其他含有毒素的產品，例如某些有害的網站、電子遊戲、音樂、電視節目、電影、書刊和談話。我願學習回到當下此刻，接觸在我之內和周圍清新、滋養、具療癒效果的元素。我不會讓後悔和悲傷把我帶回過去，也不會讓憂慮和恐懼把我從當下此刻拉走。我不會用消費來逃避孤單、憂慮或痛苦。我將修習觀照萬物相即的本性，學習正念消費，藉以保持自己、家庭、社會和地球眾生的身心平安和喜悅。

五種覺察

通過五種覺察，你可以和你所愛的人一起修習正念。在困難的時刻，一起讀誦五種覺察，能強化你們彼此之間的支持；在婚禮的時候讀誦，能讓儀式更加美好。五種覺察可以應用在任何關係，只要你們想互相支持對方的修習。五種覺察能讓互愛的關係更加穩固和持久。

一、我們覺察所有的祖先和後代都在我們之內。

二、我們覺察祖先和子孫對我們的期望。

三、我們覺察我們的喜悅、平安、自在及和諧，亦是祖先和子孫的喜悅、平安、自在及和諧。

四、我們覺察理解是愛的基礎。

五、我們覺察責備和爭論永遠於事無補，只會製造兩人之間的鴻溝。唯有理解、信任和愛能夠幫助我們改變和成長。

第一項覺察讓我們看到自己是祖先延續的一分子，也與後代相連接。有了如此的見解，我們知道，此刻照顧好自己的身體和心識，也就是在照顧過往和以後的所有世代。

第二項覺察提醒我們，祖先以及子孫都對我們有所期望。我們的幸福是他們的幸福；我們的痛苦也是他們的痛苦。通過深觀，我們能看到子孫對我們的期望。

第三項覺察告訴我們，喜悅、平安、自在、和諧並不是個人的事。我們生活的方式，要能讓內在的祖先得到解放，唯有如此才能解放自己。如果祖先得不到解放，我們一輩子都會被束縛著，然後我們又將這些束縛一代一代地傳給子孫。這種覺察反映了相即的教導。當我們內在的祖先還在受苦，我們就無法真正幸福。正念地走一步、自由喜樂地接觸大地，我們為所有祖先和後代修習。

第四項覺察告訴我們，有理解就有愛。了解別人的痛苦，我們會想去幫助他，愛與慈悲的力量油然而生。在這種前提下所做的任何事，將會為所愛的人帶來幸福和自由。如此修習，無論為別人做什麼，都能為他們帶來幸福。想去愛的意願並不足夠。如果彼此不了解，根本無法愛護對方。

另外，我們要記得在共同體的前提下修習。盡你所能將幸福帶給空氣、水源、石頭、樹木、雀鳥和人類。讓自己在生活中時刻感受到群體的存在，這樣的話，每當你在自己的生命中以及在世界的生命中遇到困難時，你將能夠接收到你需要的力量。這個世界需要你的正念，需要你覺知正在發生的事。

生命賜給我們的每一刻，我們要深刻地去經歷。如果能夠深刻地度過生命中的某一刻，你就能學習以同樣的方式去活好生命中的所有時刻。法國詩人勒內．夏爾（René Char）說：「如果能夠安住於一刻，你會發現永恆。」讓生命的每一刻成為深刻、幸福與平安的時機。每一刻都是一個機會，讓我們與世界和好，讓世界有可能祥和，讓世界有可能幸福。世界需要我們的幸福快樂。正念生活的修習，可以被形容為幸福的修習、愛的修習。我們要在生命中耕耘幸福的能力、愛的能力。理解是愛的基礎，深觀則是基本的修習。

修習第五項覺察，是因為儘管我們知道責備和爭論無補於事，我們卻忘掉了。覺知呼吸幫助我們發展「止」的能力，在那緊要的關頭停下來，不要責備和爭論。

人人都需要往好的方向改變，互相照顧是我們的責任。我們是園丁，是幫助花兒成長的人。如果我們理解的話，花兒會美麗地成長。只有善心並不足夠，我們要學習讓別人幸福的藝術。藝術是生命的精髓，而這個藝術的實質就是正念。

國家圖書館出版品預行編目資料

用正念擁抱恐懼：安度情緒風暴的智慧／一行禪師 Thich Nhat Hanh 著
士嚴 譯. -- 初版. -- 台北市：
商周出版, 城邦文化出版：家庭傳媒城邦分公司發行；
2013.10　面：公分.
譯自：Fear : essential wisdom for getting through the storm
ISBN 978-986-272-444-6（平裝）
1.佛教修持　2.生活指導
225.87　　102016312

用正念擁抱恐懼：安度情緒風暴的智慧

原著書名／Fear
作　　者／一行禪師 Thich Nhat Hanh
譯　　者／士嚴
責任編輯／陳玳妮

版　　權／林心紅
行銷業務／李衍逸、吳維中
總 編 輯／楊如玉
總 經 理／彭之琬
發 行 人／何飛鵬
法律顧問／元禾法律事務所 王子文律師
出　　版／商周出版
城邦文化事業股份有限公司
115台北市南港區昆陽街16號4樓
電話：(02) 2500-7008 傳眞：(02) 2500-7579
E-mail：bwp.service@cite.com.tw
Blog：http://bwp25007008.pixnet.net/blog
發　　行／英屬蓋曼群島商家庭傳媒股份有限公司城邦分公司
115台北市南港區昆陽街16號8樓
書虫客服服務專線：02-25007718．02-25007719
24小時傳眞服務：02-25001990．02-25001991
服務時間：週一至週五09:30-12:00．13:30-17:00
郵撥帳號：19863813　戶名：書虫股份有限公司
讀者服務信箱E-mail：service@readingclub.com.tw
歡迎光臨城邦讀書花園　網址：www.cite.com.tw
香港發行所／城邦（香港）出版集團有限公司
香港九龍土瓜灣土瓜灣道86號順聯工業大廈6樓A室
電話：(852) 25086231　傳眞：(852) 25789337
馬新發行所／城邦(馬新)出版集團【Cité (M) Sdn. Bhd. (458372U)】
41, Jalan Radin Anum, Bandar Baru Sri Petaling,
57000 Kuala Lumpur, Malaysia
電話：(603)90563833　傳眞：(603) 90576622

封面設計／王小美
排　　版／新鑫電腦排版工作室
印　　刷／韋懋實業有限公司
經 銷 商／聯合發行股份有限公司
電話：(02) 29178022　傳眞：(02) 29110053
地址：新北市231新店區寶橋路235巷6弄6號2樓

■2013年10月1日初版
■2024年 5 月2日初版10.3刷
定價 260元

Printed in Taiwan
城邦讀書花園
www.cite.com.tw

ISBN 978-986-272-444-6

商周出版

廣 告 回
北區郵政管理登記
台北廣字第000791
郵資已付，免貼郵

104台北市民生東路二段141號2樓

英屬蓋曼群島商家庭傳媒股份有限公司　城邦分公司

請沿虛線對摺，謝謝！

商周出版

書號：BX1058	**書名：**用正念擁抱恐懼	**編碼：**

商周出版

讀者回函卡

感謝您購買我們出版的書籍！請費心填寫此回函卡，我們將不定期寄上城邦集團最新的出版訊息。

姓名：　　　　　　　　　　　　性別：☐男　☐女

生日：西元　　　　年　　　　月　　　　日

地址：

聯絡電話：　　　　　　　　傳真：

E-mail ：

學歷：☐ 1. 小學 ☐ 2. 國中 ☐ 3. 高中 ☐ 4. 大學 ☐ 5. 研究所以上

職業：☐ 1. 學生 ☐ 2. 軍公教 ☐ 3. 服務 ☐ 4. 金融 ☐ 5. 製造 ☐ 6. 資訊
☐ 7. 傳播 ☐ 8. 自由業 ☐ 9. 農漁牧 ☐ 10. 家管 ☐ 11. 退休
☐ 12. 其他

您從何種方式得知本書消息？

☐ 1. 書店 ☐ 2. 網路 ☐ 3. 報紙 ☐ 4. 雜誌 ☐ 5. 廣播 ☐ 6. 電視
☐ 7. 親友推薦 ☐ 8. 其他

您通常以何種方式購書？

☐ 1. 書店 ☐ 2. 網路 ☐ 3. 傳真訂購 ☐ 4. 郵局劃撥 ☐ 5. 其他

您喜歡閱讀那些類別的書籍？

☐ 1. 財經商業 ☐ 2. 自然科學 ☐ 3. 歷史 ☐ 4. 法律 ☐ 5. 文學
☐ 6. 休閒旅遊 ☐ 7. 小說 ☐ 8. 人物傳記 ☐ 9. 生活、勵志 ☐ 10. 其他

對我們的建議：

【為提供訂購、行銷、客戶管理或其他合於營業登記項目或章程所定業務之目的，城邦出版人集團（即英屬蓋曼群島商家庭傳媒（股）公司城邦分公司、城邦文化事業（股）公司），於本集團之營運期間及地區內，將以電郵、傳真、電話、簡訊、郵寄或其他公告方式利用您提供之資料（資料類別：C001、C002、C003、C011 等）。利用對象除本集團外，亦可能包括相關服務的協力機構。如您有依個資法第三條或其他需服務之處，得致電本公司客服中心電話 02-25007718 請求協助。相關資料如為非必要項目，不提供亦不影響您的權益。】

1.C001 辨識個人者：如消費者之姓名、地址、電話、電子郵件等資訊。
2.C002 辨識財務者：如信用卡或轉帳帳戶資訊。
3.C003 政府資料中之辨識者：如身分證字號或護照號碼（外國人）。
4.C011 個人描述：如性別、國籍、出生年月日。

請於此處用膠水黏貼